essentials

essentials liefern aktuelles Wissen in konzentrierter Form. Die Essenz dessen, worauf es als „State-of-the-Art" in der gegenwärtigen Fachdiskussion oder in der Praxis ankommt. *essentials* informieren schnell, unkompliziert und verständlich

- als Einführung in ein aktuelles Thema aus Ihrem Fachgebiet
- als Einstieg in ein für Sie noch unbekanntes Themenfeld
- als Einblick, um zum Thema mitreden zu können

Die Bücher in elektronischer und gedruckter Form bringen das Expertenwissen von Springer-Fachautoren kompakt zur Darstellung. Sie sind besonders für die Nutzung als eBook auf Tablet-PCs, eBook-Readern und Smartphones geeignet. *essentials:* Wissensbausteine aus den Wirtschafts-, Sozial- und Geisteswissenschaften, aus Technik und Naturwissenschaften sowie aus Medizin, Psychologie und Gesundheitsberufen. Von renommierten Autoren aller Springer-Verlagsmarken.

Weitere Bände in der Reihe http://www.springer.com/series/13088

Frank Waible

Online-Moderationen planen, vorbereiten und durchführen

Ein Überblick für Studierende und Praktiker

 Springer Gabler

Frank Waible
ConnectingPeopleOnline
Weinheim, Deutschland

ISSN 2197-6708   ISSN 2197-6716   (electronic)
essentials
ISBN 978-3-658-23868-1   ISBN 978-3-658-23869-8   (eBook)
https://doi.org/10.1007/978-3-658-23869-8

Die Deutsche Nationalbibliothek verzeichnet diese Publikation in der Deutschen Nationalbibliografie; detaillierte bibliografische Daten sind im Internet über http://dnb.d-nb.de abrufbar.

Springer Gabler
© Springer Fachmedien Wiesbaden GmbH, ein Teil von Springer Nature 2019

Springer Gabler ist ein Imprint der eingetragenen Gesellschaft Springer Fachmedien Wiesbaden GmbH und ist ein Teil von Springer Nature
Die Anschrift der Gesellschaft ist: Abraham-Lincoln-Str. 46, 65189 Wiesbaden, Germany

Was Sie in diesem *essential* finden können

- Wann sind Online-Veranstaltungen/Workshops sinnvoll?
- Welche Hürden sind im praktischen Einsatz oftmals zu nehmen?
- Praktische Beispiele zu unterschiedlichen Einsatzzwecken
- Wie moderiere ich Online-Veranstaltungen/Workshop und meistere schwierige Situationen?
- Welche Rolle habe ich als Moderator von Online-Veranstaltungen?

Vorwort

In den letzten Monaten bin ich vermehrt darauf angesprochen worden, ob es gute Literatur zu der Gestaltung und Durchführung von Online-Besprechungen und Online-Workshops gibt. Ich hatte mir bis dahin dazu noch keine Gedanken gemacht, da ich seit mehr als zehn Jahren in einem virtuellen, verteilten Arbeitsumfeld tätig bin und mir das Moderieren von interaktiven Online-Workshops mit viel Lehrgeld selbst beigebracht habe.

Aufgrund der Kürzung von Reisekosten in dem Unternehmen, in dem ich tätig war, kam ich ab 2009 verstärkt in die Situation, Online-Besprechungen und Workshops durchzuführen. Ich musste jedoch feststellen, dass bestimmte Dinge in Online-Besprechungen anderen Regeln folgen als in Präsenz-Workshops. Unabhängig davon, dass die Technologie damals noch nicht auf dem heutigen Stand war, zeigten sich Verhaltensmuster von Besprechungsteilnehmern, die bis heute ähnlich geblieben sind. Ich spreche einerseits von Teilnehmerverhalten wie fehlende Aufmerksamkeit, schnelles Abgelenkt-Sein, geringe Verbindlichkeit, weniger interaktive Beteiligung der Teilnehmer und Präsenz oder von Moderatorenverhalten, wenig Feedback- und Dialog-Möglichkeiten, stark Monolog orientiert (eine Person – entweder Moderator oder Teilnehmer – spricht sehr lange und die anderen hören zu), um nur ein paar bekannte Verhaltensmuster zu nennen.

Ich wollte aber die Online-Veranstaltung in vielerlei Hinsicht an eine Präsenzveranstaltung angleichen. Um es etwa interessanter, interaktiver, sinnstiftender für die Teilnehmer zu machen und damit effizienter als bisherige Online-Besprechungen. Es galt herauszufinden, welchen Gesetzmäßigkeiten Präsenzveranstaltungen unterliegen, um die Elemente zu identifizieren, die in Präsenzveranstaltungen automatisch und unterbewusst ablaufen und die ein hohes Maß an Verbindlichkeit schaffen. Ich versuchte, explizit Material für die Moderation von Online-Veranstaltungen zu finden, musste jedoch feststellen, dass es viel

Literatur zu Webinaren und e-Learning-Formaten gibt, jedoch nicht zu interaktiven Gruppen-Workshops, die online stattfinden.

In vielen Versuchen mit unterschiedlichen Methoden, Abläufen und Moderationstechniken konnte ich Erfahrung sammeln, welches die Erfolg versprechenden Elemente einer guten Online-Veranstaltung sind. Diese Erfahrungen und Erkenntnisse habe ich in diesem Booklet zusammengeführt.

Frank Waible

Inhaltsverzeichnis

Einleitung

1

Dieses Booklet richtet sich an Personen, die bereits Erfahrung mit der klassischen Moderation von Präsenzveranstaltungen haben sowie Personen, die in Online-Veranstaltungen mehr erreichen möchten. Der Inhalt baut auf der klassischen Präsenz-Moderation auf, um an bestehendes Wissen anzuknüpfen. D. h. es wird nicht auf Punkte eingegangen wie, was der Unterschied ist zwischen dem Leiten von Gruppen und dem Moderieren von Gruppen oder was notwendige Verhaltensregeln sind. Dieses Booklet ist als Ergänzung zu einer guten Moderation von Online-Veranstaltungen gedacht und fokussiert sich auf den Unterschied zu Offline-Veranstaltungen. Worauf muss ich achten? Wann sind diese angebracht? Und: Was mache ich als Moderator von Online-Veranstaltungen anders?

Es kann durchaus auch für die Gestaltung von Webinaren herangezogen werden, jedoch liegt der Schwerpunkt auf der Moderation von interaktiven, dynamischen Workshops.

Der Aufbau des Booklets orientiert sich an der Vorgehensweise, wie ein Workshop, eine Gruppenarbeit in Präsenz-Veranstaltungen normalerweise durchgeführt wird. Basierend auf der Auftragsklärung, den Rahmenbedingungen und der Zielsetzung erfolgen die Planung, die Vorbereitung sowie die Umsetzung. Im Buch werden Tipps, Beispiel oder wichtige Prinzipien für die jeweilige Situation genannt. Auf mögliche Softwarehelfer (Werkzeuge) wird im Kap. 5 eingegangen. Im Kap. 6 und 7 geht es detaillierter um mögliche Situationen und Methoden.

In den einzelnen Kapiteln gibt es immer einen Querverweis, wie die Moderation in Präsenzveranstaltungen aussieht.

Neben den Werkzeugen und Methoden wird auf die Rolle des Moderators eingegangen. Was unterscheidet eine Präsenz- von einer Online-Moderation?

© Springer Fachmedien Wiesbaden GmbH, ein Teil von Springer Nature 2019
F. Waible, *Online-Moderationen planen, vorbereiten und durchführen,* essentials,
https://doi.org/10.1007/978-3-658-23869-8_1

Welches Verhalten und welche Haltung sind förderlich bzw. hinderlich für eine gute Prozessgestaltung?

Im Booklet wird meist vom Moderator gesprochen, wohlwissend, dass es ebenso Moderatorinnen gibt. Dies ist keine Wertung und erfolgt aus praktischen Gründen, um den Lesefluss zu erhalten.

Gemeinsame Basis 2

2.1 Was ist eine Online-Veranstaltung?

Unter einer Online-Veranstaltung versteht man im allgemeingültigen Sinn, dass sich mehrere Personen über eine Internetverbindung und eine passende Software in einem virtuellen Raum treffen. Für eine Online-Veranstaltung braucht es

- eine schnelle Internetverbindung mit einem Mac/PC, Tablet PC oder Smart-Phone,
- eine identische Software, z. B. Teamviewer, WebEx (Eingetragenes Warenzeichen der Firma Cisco Systems), Adobe Connect (Eingetragenes Warenzeichen der Firma Adobe Systems Inc., u. v. a. siehe Abschn. 9.2), die alle Teilnehmer nutzen und
- eine Web-Cam

Damit können sich alle Teilnehmer ähnlich wie in einer Präsenzveranstaltung sehen, unterhalten und gemeinsam an Themen arbeiten.

Um die gesamten technischen Funktionalitäten der verwendeten Software in einer Online-Veranstaltung zu nutzen, muss jeder Teilnehmer über dieselbe Software verfügen. Denn, wenn Teilnehmer sich nur über eine zusätzliche Audio-/Telefonleitung an der Konferenz beteiligen, jedoch keine Internetverbindung haben, können diese die geteilten Bilder und Dokumente nicht sehen.

Diese Treffen können Besprechungen, Schulungen (genannt Webinare), e-Learning oder Online Meetings sein, bei denen Mitteilungen an größere Personengruppen kommuniziert werden, z. B. Mitarbeiterversammlungen, Projektbesprechungen, Online-Workshops für Team Building oder Strategie-Workshops.

© Springer Fachmedien Wiesbaden GmbH, ein Teil von Springer Nature 2019   3
F. Waible, *Online-Moderationen planen, vorbereiten und durchführen,* essentials,
https://doi.org/10.1007/978-3-658-23869-8_2

Das bedeutet, es gibt ein breites Anwendungsfeld für die Nutzung von Online-Veranstaltungen.

Die Abgrenzung zu Video-Konferenzen ist, dass diese keinen Computer brauchen, aber dafür ein Video-Konferenz System. Die meisten Video-Konferenz Systeme verschmelzen derzeit Stück für Stück mit dem Computer.

2.2 Unterschiede zwischen Online & Präsenz-Veranstaltung

Es ist offensichtlich, dass Präsenzveranstaltungen mit allen Teilnehmern an einem Ort stattfinden und die Teilnehmer sich bei Online-Veranstaltungen von unterschiedlichen Plätzen aus in eine gemeinsame Online-Veranstaltung einwählen oder ein-loggen. Daneben gibt es noch eine Reihe an Merkmalen und Verhaltensweisen, die im ersten Moment nicht gesehen und bemerkt werden, welche aber für die Durchführung von Online-Veranstaltungen betrachtet werden sollten. In der Tab. 2.1 sind für ein leichteres Verständnis beide Veranstaltungsarten gegenübergestellt. Es ist aufgeführt, welches Verhalten in den einzelnen Phasen einer Veranstaltung bewusst oder unterbewusst aus der Sicht des Moderators oder der Teilnehmer typischerweise erfahren wird.

Aufgrund der Gegebenheiten (räumlich und technisch) und der Vertrautheit der Teilnehmer mit der Nutzung des Online-Raums scheint eine Online-Veranstaltung weniger flexibel zu sein, um auf die Bedürfnisse der Teilnehmer eingehen zu können.

Das bedeutet, für eine gute Online-Veranstaltung muss der Organisator/ Moderator stärker die Perspektive der Teilnehmer beachten. D. h., wie kann die Aufmerksamkeit gehalten und die Interaktivität erhöht werden durch die gegebenen Rahmenbedingungen, etwa reduzierte Bewegung, eingeschränkte Darstellung über den Bildschirm (meist klein), schnellere Ablenkung und höhere technische Anforderungen.

Tab. 2.1 Unterschiede Präsenz- versus Online-Veranstaltungen

Phase & Veranstaltungspunkt	Präsenzveranstaltung	Online-Veranstaltung
Vorbereitung zur Besprechung	Teilnehmer plant Wege Zeit ein, um zu Veranstaltungsbeginn anwesend zu sein (ggfs. Reisebuchung)	Teilnehmer wählt sich pünktlich zur Online-Veranstaltung ein (ggfs. 1–2 min später, da Wegezeiten nicht eingeplant werden)
Veranstaltung aufsetzen	Dies benötigt mehr Zeit, für Raumbuchung, ggfs. Reisebuchung	Kann kurzfristig aufgesetzt werden, da der virtuelle Raum meist zur Verfügung steht
Absage von Veranstaltungen durch den Teilnehmer	Teilnehmer informiert meist Tage vorher, wenn er nicht zur Veranstaltung kommen kann und schickt ggfs. einen Vertreter	Teilnehmer informiert meist Stunden, Minuten oder gar nicht vor der Veranstaltung, wenn er nicht zur Veranstaltung kommen kann
Ankommen im Raum	In den Raum hineingehen, sich hinsetzen, eventuell Small-Talk mit anderen Teilnehmern, spontane Interaktion mit anderen Teilnehmern	Bereits am Schreibtisch/PC sitzen oder sich einen ruhigen Platz suchen. In den Raum einwählen, ggfs. Namen kurz nennen und warten, bis die Veranstaltung startet
Ankommen im Raum	Keine technischen Probleme	Ggfs. Probleme beim Einwählen oder Verbinden, technische Unterstützung wird benötigt (dies braucht Zeit und frustriert meist die Teilnehmer)
Begrüßung & Agenda (während der ganzen Veranstaltung)	Freie Sichtmöglichkeiten (Kopf drehen) im Raum für Orientierung, Beobachten von anderen Teilnehmern. Ganzheitliches Zuhören. Wahrnehmen von Körpersprache. Direkter Blickkontakt mit dem Moderator	Fokus auf Bildschirm (wenig Kopfbewegung). Wenn keine Web-Cams freigeschaltet sind, ist die Aufnahmemöglichkeit (nur Hören) geringer. Teilnehmer sieht Moderator und andere Teilnehmer (wenn Web-Cam genutzt wird), jedoch gibt es keinen direkten Blickkontakt

(Fortsetzung)

Tab. 2.1 (Fortsetzung)

Phase & Veranstaltungspunkt	Präsenzveranstaltung	Online-Veranstaltung
Inhaltliche Präsentation	Teilnehmer bewegen sich auf dem Stuhl, stellen spontane Zwischenfragen, ggfs. Spontandiskussion	Teilnehmer bewegen sich weniger auf dem Stuhl, Spontandiskussion wird meist vom Präsentator nach der Präsentationszeit durchgeführt, da eine Interaktivität (sich überlagernde Stimmen) schwieriger ist.
Kleingruppen Arbeiten	Gruppe kann spontan in mehrere kleine Gruppen aufgeteilt werden. Jede Gruppe hat ein Flip-Chart/ Meta Wand und präsentiert die Ergebnisse in der Gesamtgruppe.	Die meisten technischen Plattformen bieten keine Arbeit in Kleingruppen an. Das erfordert einen etwas höheren Aufwand zu erklären, was die notwendigen Arbeitsschritte sind, um in einer kleineren Gruppe arbeiten zu können. Spontanität ist nicht gegeben.
Dokumentation	Informationen können mittels Fotoprotokoll dokumentiert und weiter verarbeitet werden	Informationen werden in Online-Veranstaltungen digital erarbeitet und können im Anschluss genauso, ggfs. leichter, weiterverarbeitet werden, da sie bereits digital vorhanden sind.
Skalierungsfragen	Bei Klebepunkt-Fragen stehen Teilnehmer auf, während sie nachdenken, laufen sie zum Flip-Chart und kleben ihre Bewertung (Zeit ca.: 1–3 min)	Bei Klebepunkt-Fragen (Pull-Fragen) haben die Teilnehmer in aller Regel 30 s Zeit anonymisiert die Frage zu bewerten. Der Teilnehmer bewegt sich nicht mehr als zuvor.
Gruppen Dynamik	Schnell ersichtlich, wenn es Schwierigkeiten in der Gruppe gibt	Schwer ersichtlich, egal, wenn nur die Audio-Leitung mit oder ohne Web-Cam genutzt wird
Teilnehmer	Aktive Teilnahme ist mehr gegeben, Teilnehmer ist präsent im Raum	Teilnehmer kann sich in der Gruppe mehr verstecken. Teilnehmer ist leichter abgelenkt aufgrund von nicht veränderten Rahmenbedingungen (Bildschirm, Sitzen, Emails, Telefon/Chats)
Erarbeiten von Inhalten	Es können spontan Inhalte am Flip-Chart visualisiert	Spontaneität ist auf die technischen Möglichkeiten und das Wissen über die Nutzung des Werkzeugs limitiert

2.3   Unterbewusste Einflussfaktoren

In einer Präsenzveranstaltung passieren viele Dinge unterbewusst und automatisch, beispielsweise ein kurzes Gespräch mit einem Kollegen beim Betreten
des Raumes, da es für die meisten Teilnehmer ein natürliches und gewohntes
Umfeld ist. Nach dem Einwählen in eine Online-Veranstaltung kommt ein kurzes Hallo mit Nennung des Namens und dann ist Schweigen. Das bedeutet, der
Moderator muss dieses selbstverständliche und unterbewusste Verhalten und
diese automatischen Abläufe kennen, damit er sie bewusst in einer Online-Veranstaltung berücksichtigen und einbauen kann.

In der Tab. 2.2 werden die einzelnen Besprechungsphasen und typische,
selbstverständliche Verhaltensweisen in diesen Phasen betrachtet. Es wird dargestellt,

- welches automatische Verhalten in einer Präsenzveranstaltung abläuft,
- wie es vergleichbar meistens in einer heutigen Online-Veranstaltung aussieht
  und
- was verbessert werden könnte, um eine Online-Veranstaltung effizienter zu
  gestalten und diese in der Wahrnehmung einer Präsenzveranstaltung anzu-
  nähern.

Tab. 2.2 Verhalten in Präsenz- und Online-Veranstaltungen

Veranstaltungs-phase	Verhalten in Präsenzveranstaltung	Heutiges Verhalten in Online-Veranstaltung	Mögliches Verhalten in Online-Veranstaltung
Ankommen im Raum	• Veranstaltungen starten nach 1–2 min, da meist Smalltalk vor der Veranstaltung stattfindet, • Teilnehmer holt sich eventuell ein Getränk, • Inspiziert den Raum und sucht sich einen passenden Stuhl (macht sich unterbewusst mit dem Raum vertraut) • Begrüßt den Moderator	• Teilnehmer wählen sich in aller Regel pünktlich oder ein paar Minuten später ein. • Inhalt wird sofort gestartet • Teilnehmerübersicht anhand der eingewählten Personen • Kein Smalltalk • Meist in bekannter Online-Umgebung	• Teilnehmer wählen sich früher ein • Moderator lässt Smalltalk und gezielte Fragen zu, die vorbereitend für die Veranstaltung sind • Gibt Orientierung im Raum (Funktionalität), Agenda • Überbrückt das Warten mit Bewertungsfragen bzgl. des Besprechungsthemas • Wenn technisch möglich Break-out Session, startet Murmelgruppen
Diskussions-/Dialog-Phase	Aktive Diskussion mit Dokumentation am Flip-Chart, ggfs. mit grafischen Darstellungen	Aktive Diskussion (teils mit Webcam), meist schreibt jemand mit und teilt dieses Dokument parallel am Bildschirm	Zusätzlich zu heutigen Online-Veranstaltungen könnte ein Whiteboard für grafische Darstellungen verwendet werden oder eine gemeinsam genutzte Cloud-Dokumentation.
Brainstorming	Jeder weiß, was unter gemeinsamem Brainstorming an Flip-Charts oder mit Moderatorenkarten gemeint ist (jeder weiß, wie Stift und Karten funktionieren)	Wird heute meist nur verbal gemacht.	Der Chat könnte für Moderatorenkarten verwendet werden. (D. h. die Nutzung des Chats muss erklärt werden) Nutzung von weiterer Software Tools (siehe Abschn. 9.3), die wie Moderatorenkarten aussehen

(Fortsetzung)

Tab. 2.2 (Fortsetzung)

Veranstaltungsphase	Verhalten in Präsenzveranstaltung	Heutiges Mögliches Verhalten in Online-Veranstaltung	
Priorisierung	Erarbeitete Liste wird priorisiert. Die Methoden über Handzeichen, Klebepunkte oder Striche um die Priorität zu ermitteln sind meist bekannt. Z. B. hat der Teilnehmer bei Klebepunkten ca. 2 min Zeit seinen Punkt anzukleben. (Vom Stuhl aufstehen, zum Flip-Chart gehen, kleben und wieder zum Stuhl. Hierbei wird das Gehirn durch die Bewegung mit frischen Blut versorgt)	Wenn eine Liste erarbeitet wurde, wird diese meist verbal priorisiert und die Personen einzeln gefragt. (Teilnehmer bewegen sich nicht und benötigen mehr Zeit für eine Entscheidung)	Aufgrund der technischen Möglichkeiten könnten Poll-Fragen spontan aus der erarbeiteten Liste erstellt werden und die Teilnehmer könnten eine schnelle Bewertung machen. Den Teilnehmern sollte ebenfalls genügen Zeit für die Entscheidung gegeben werden
Zu Wort melden	Teilnehmer machen sich durch Handzeichen bemerkbar oder sprechen einfach los (Wahrnehmung: Der Moderator nimmt den gesamten Raum wahr und erkennt, wenn jemand reden möchte)	Teilnehmer machen sich durch Handzeichen (Hand heben in Software) bemerkbar oder schreiben in den Chat und warten auf die Reaktion des Moderators (Wahrnehmung: Der Moderator hat alle Informationen sichtbar auf dem Bildschirm – Bilder von Teilnehmern, Chat-Info und Präsentation – jedoch ist die Aufmerksamkeit nur auf ein Element gerichtet, von daher erkennt er nicht sofort, wenn jemand reden möchte)	Wie in der heutigen Moderation, jedoch empfiehlt es sich mit einer Co-Moderation zu arbeiten, ein Moderator konzentriert sich auf die Gruppe (Web-Cam & Audio), der andere Moderator auf Chat und Dokumentation

Rahmenbedingungen 3

3.1 Was bedeutet Moderation?

Moderator kommt aus dem Lateinischen, von moderare, mäßigen, steuern, lenken. Das bedeutet, eine Gruppe mit mehr als fünf Personen benötigt für einen zielorientierten Austausch einen Gesprächsbegleiter, der die Unterhaltung moderiert und führt. Es gibt unterschiedliche Moderationsstile, beispielsweise einer der inhaltlich auf die Diskussion Einfluss nimmt oder prozessbegleitend, wie mit den jeweiligen Gruppenmitgliedern umgegangen wird (O'Loughlin, 2010).

Wie in der Präsenz-Moderation, so ist auch der Moderator einer Online-Veranstaltung der Weggestalter. Die Autonomie und inhaltliche Entscheidungsverantwortung liegt bei der Gruppe und er leitet den Arbeitsprozess der Gruppe mit Methoden, Interventionen und Fragen, um das Ziel zu erreichen. Mit seiner Haltung, inhaltlichen Unparteilichkeit, personenbezogenen Neutralität und der Betreuung des Arbeitsprozesses ermöglicht der Moderator, dass sich das Wissen der Teilnehmer vernetzen kann und sie gemeinsam komplexe Aufgabenstellungen lösen können (M. Hartmann, M. Rieger, A. Auert, 2003).

3.2 Wann ist eine Online-Moderation geeignet?

In der heutigen Welt, welche vernetzter, komplexer und volatiler geworden ist, ist es nicht immer möglich alle notwendig beteiligten Personen schnell für eine kurze Besprechung oder einen Workshop an einem Ort zusammenkommen zu lassen.

© Springer Fachmedien Wiesbaden GmbH, ein Teil von Springer Nature 2019   11
F. Waible, *Online-Moderationen planen, vorbereiten und durchführen*, essentials,
https://doi.org/10.1007/978-3-658-23869-8_3

Damit die gestellten Aufgaben bewältigt werden können, bietet sich in folgenden Situationen eine Online- Moderation an:

- Die Themen und Herausforderungen sind vernetzt und komplex. Die notwenigen Personen (Experten und Führungskräfte) sind über mehrere Standorte verteilt. Für die Entwicklung von Lösungsansätzen werden alle schnell benötigt.
- Es besteht die Notwendigkeit im verteilten Team etwas gemeinsam zu entwickeln, zu diskutieren, zu erarbeiten oder zu entscheiden.
- Die erarbeiteten und vorgeschlagenen Ergebnisse sollen von allen Beteiligten (andere Teams und andere Standorte) mitgetragen und verbindlich umgesetzt werden.

3.3   Wann benötige ich welche Art der Online-Moderation?

Basierend auf den vorgegebenen Rahmenbedingungen und der gewünschten Zielsetzung ergeben sich zwei mögliche Arten des Online-Moderierens.

- Interaktive Moderation bei einer Gruppengröße von 6 bis 20 Personen, ähnlich wie in einer Teamentwicklung oder einem Strategie-Workshop,
- Programm-Moderation bei einer Gruppengröße von mehr als 20 Personen. Die Moderation wäre vergleichbar mit einer größeren Veranstaltung in einem Plenarsaal. Die Interaktivität ist hier eingeschränkt und somit weniger flexibel.

3.4   Welche Moderation benötige ich, um ein bestimmtes Ziel zu erreichen?

Damit die unterschiedlichsten Ziele für Veranstaltungen berücksichtigt werden, sind ein paar Prinzipien aufgeführt. Diese stellen dar, wie die Ziele mit der möglichen Moderation zusammenhängen (vgl. Abb. 3.1).

D. h. wenn beispielsweise die Zielsetzung ist, dass viele Teilnehmer sich mit einem bestimmten Sachverhalt aktiv auseinandersetzen sollen, um eigenverantwortlich entscheidungsfähig zu sein, dann ist eine Online Großgruppen-/Mitarbeiterveranstaltung nicht geeignet. Das würde bedeuten, mehrere kleine

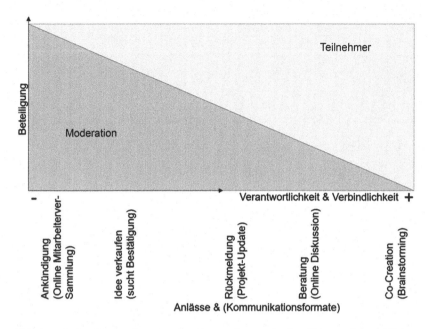

Abb. 3.1 Online-Veranstaltungen – Angelegt an Formen der Beteiligung. (Senge, 2006)

Online-Veranstaltungen mit wechselnden Teilnehmern, die alle an der Diskussion teilhaben, ist in diesem Fall zieldienlicher.

▶ **Tipp**
Bei unter 10 Teilnehmern reicht ein erfahrener Online-Moderator.
Bei über 10 Teilnehmern 2 Online-Moderatoren (einer für Technik & Chat-Fragen, einer für die Moderation).

Die Rolle des Moderators 4

4.1 Aufgaben

Die Aufgaben in der Online-Moderation unterscheiden nicht von der klassischen Moderation. D. h. der Moderator ist inhaltlich neutral und verfolgt keine eigenen Ziele. Er begleitet die Gruppe durch den Prozess und versucht alle Beteiligten einzubinden, damit diese zielorientiert und produktiv in einer guten Atmosphäre zu einem guten Ergebnis kommen. Das bedeutet jedoch nicht, dass er inhaltlich für die Ergebnisse verantwortlich ist (M. Hartmann, M. Rieger, A. Auert, 2003).

Ergänzend zu Kanitz (Kanitz, 2016) hat ein Online-Moderator folgende Aufgaben:

- Klärung der Ziele mit dem Auftraggeber
- In der Vorbereitungsphase stellt er sicher, dass die Teilnehmer folgendes erhalten:
  - Einwahl-/Ein-log Informationen
  - Hinweis auf die notwendige Netzwerkbandbreite
  - Notwendige technische Voraussetzungen (Kopfhörer, Mikrophon, Web-Cam)
- Organisation des Ablaufs der Veranstaltung mit den notwendigen Methoden, welche in einem Online-Besprechungsraum genutzt werden können.
- Einführung der Gruppe
  - in den Online-Besprechungsraum (Funktionalität und Verwendung von Werkzeugen).
  - in das Thema
  - Orientierung zur Veranstaltung.

© Springer Fachmedien Wiesbaden GmbH, ein Teil von Springer Nature 2019
F. Waible, *Online-Moderationen planen, vorbereiten und durchführen,* essentials,
https://doi.org/10.1007/978-3-658-23869-8_4

- Ermöglichen, dass die Teilnehmer sich vernetzen können, um so inhaltlich die Themen gemeinsam zu bearbeiten und ein gemeinsames Verständnis aller Sichtweisen zu erhalten.
- Er wählt die passenden Methoden und Werkzeuge aus, die zieldienlich für die Gruppe und für das Medium „online" passen.
- Er stellt sicher, dass Unklarheiten und Missverständnisse geklärt sind.
- Er bringt den Prozess voran durch:
  - geeignete Fragen und Interventionen
  - Rückmeldung des Moderators über Beobachtungen
  - permanente Visualisierung von Arbeitsschritten und Ergebnissen.
- Bei Konflikten unterstützt er die Gruppe bei der Lösungsfindung
- Er achtet auf die Zeit.
- Er sorgt dafür, dass die Ergebnisse dokumentiert werden und stellt die elektronisch erarbeiteten Informationen der Gruppe zur Verfügung.

4.2   Verhalten

Aufgrund der herausgestellten Position als Moderator stellt er ein potentielles Vorbild für die Gruppe dar. Seine Art der Kommunikation mit den Teilnehmern und der Umgang mit Kritik und Problemen tragen zum Erfolg der Veranstaltung bei. Das bedeutet, als Moderator sollte neben der Neutralität ein Interesse an der Gruppe gezeigt werden. Neugierig Teilnehmer motivieren sich zu beteiligen, sensible zurückhaltende Teilnehmer ermutigen und dominante Teilnehmer ausbremsen. Der Moderator schafft den Raum für den Austausch zwischen den Teilnehmern. Er sorgt dafür, dass jeder Teilnehmer genügend Raum hat und sich entsprechend beteiligen kann.

Im Vergleich zur Präsenzveranstaltung, bei der ein Moderator die Stimmung im Raum gut erfassen kann sowie Blickkontakt mit den Teilnehmern hat, ist das in Online-Veranstaltungen schwieriger. Wenn ich als Moderator in Online-Workshops jemanden anlächle, sage ich den Namen dazu, da kein direkter Augenkontakt besteht. Ebenso versuche ich durch Fragetechniken die Stimmung der Gruppe in der Veranstaltung herauszubekommen. Die Web-Cam Bilder der Teilnehmer sind ein guter Indikator, wo die Gruppe gerade steht. Eine weitere Möglichkeit ist die Sinnesschärfung des Gehörs. Ein leicht nachvollziehbares Beispiel: Nehmen sie mal an, sie rufen ihren Partner oder einen Elternteil an. Der gegenüber nimmt ab und sagt nur einen kurzen Satz und sie können mit einer hohen Wahrscheinlichkeit sagen, in welcher Stimmung er oder sie sich befindet. Diese Sensibilität können sie auch bei Online-Veranstaltungen nutzen.

Neben den Dingen, für die ein Moderator steht und tun sollte, gibt es auch Punkte, die tunlichst unterlassen werden sollten. Bei inhaltlich kritischen Fragen sollte der Moderator nicht für die Gruppe entscheiden, sondern den Lösungs-/Entscheidungsprozess moderieren. Er sollte Beiträge nicht bewerten und die Gelassenheit haben nicht immer inhaltlich alles zu verstehen oder dies vorzugeben. Wenn die Diskussion ins Stocken gerät, ist es zieldienlich die Beobachtung zu thematisieren und der Gruppe im Prozess weiterzuhelfen.

4.3 Auftreten

Neben seinem Verhalten die Gruppe anzuleiten und auf sie einzugehen, ist die Präsenz des Moderators in einer Online-Veranstaltung ebenfalls wichtig. In einer Präsenzveranstaltung ist das automatisch gegeben, da der Moderator meist steht oder sich vor der Gruppe befindet. Bei einer Online-Veranstaltung erscheint der Name des Moderators auf der Liste der Teilnehmer. Eventuell ist er als Referent oder Host gekennzeichnet, ansonsten wird kein Unterschied im Besprechungsaufbau angezeigt.

Basierend auf D. Derosa, R. Lepsinger, (2010) kommt der Art des Auftretens und Kommunizierens eine besondere Bedeutung zu, da im virtuellen Raum primär die Stimme dominiert. Um eine präsente Stimme in einer Online-Moderation zu haben, empfiehlt es sich im Stehen zu moderieren. Das bedeutet, bei einem Lift-Schreibtisch die Arbeitsplatte hochfahren oder sich eine kleine Erhöhung für den Computer und die Web-Cam zu bauen.

Wenn eine Web-Cam eingesetzt wird, sollte sich diese auf Augenhöhe befinden. Befindet sie sich an einem Laptop, erscheint es so, als würde ich als Moderator auf die Gruppe herabschauen. Somit müsste der Laptop ebenfalls etwas erhöht werden. Als Vorbereitung sollte dies vor jeder Online-Veranstaltung immer getestet werden und entsprechend den Lichtverhältnissen angepasst werden. Bezgl. der Lichtverhältnisse sollte eine gute Ausleuchtung des Gesichtes gegeben sein, damit die Mimik von den Teilnehmern gut gesehen werden kann.

Neben dem Licht und der Web-Cam Einstellung gibt es noch drei weitere Punkte zu beachten, die beim Einsatz einer Web-Cam bedacht werden müssen. Der Hintergrund auf der Seite des Online-Moderators sollte neutral, am besten einfarbig und wenig abwechslungsreich sein. Einerseits ermüdet das Auge der Teilnehmer schneller, je mehr Informationen (Buchregal, Bilder) übertragen werden, andererseits erzählt der Hintergrund ebenfalls einiges über den Moderator. Die Frage ist, was möchte ich als Moderator teilen? Manche Online-Plattformen, wie zoom.us (Produkt der Firma zoom Video Communications, Inc.), erlauben es den Hintergrund digital zu verändern, was bedeutet, dass ich keinen Platz mit einem passenden Hintergrund aufsuchen muss. Der zweite Punkt ist die Kleidung des Online-Moderators. Sie sollte ebenfalls einfarbig sein. Je mehr Farben (streifig, kariert, gepunktet) ein Kleidungstück hat, desto schwieriger ist es, das Bild scharf zu übertragen. Die Folge ist ebenfalls, dass es die Augen der Teilnehmer anstrengt und diese schneller ermüden. Der dritte Punkt ist der Einsatz der Hände. Diese werden in Präsenzveranstaltungen automatisch verwendet. Als Online-Moderator sollten diese ebenfalls genutzt werden. Am besten zwischen Brust und Web-Cam, dort sind sie für die Teilnehmer gut zu sehen.

Wie bereite ich mich zu Online-Veranstaltungen vor?

5

5.1 Klärung des Auftrags

Das ist der wichtigste Punkt im gesamten Prozess. Mit ihm steht und fällt die Klarheit und Erwartungshaltung von Auftraggeber und Moderator über die Zielsetzung der gewünschten Veranstaltung und die Möglichkeiten der unterschiedlichen Vorgehensweisen und Formate (Online, Präsenz oder eine Kombination).

Zielsetzung der Maßnahme
Welche Ziele will der Auftraggeber mit der Veranstaltung erreichen? Um diese Frage zu klären, sind folgende Fragen hilfreich:

* Wie sieht das gewünschte Ziel aus?
* Woran merke ich, dass das Ziel erreicht ist?
* Was genau ist Ihnen daran wichtig?
* Wer ist davon betroffen?
* Wer soll alles mitbeteiligt werden?
* Wie sind die Beteiligten räumlich und organisatorisch aufgeteilt?
* Wie sieht die Stimmung bei den Beteiligten oder Betroffenen aus?
* Wer wird gebraucht, um das Ziel zu erreichen, welche Allianzen oder Unterstützer werden benötigt?
* Was sind die heutigen Herausforderungen/Probleme aus Ihrer Sicht?
* Bis wann soll der Zielzustand erreicht werden?
* Was ist ein mögliches Ziel für die Veranstaltung, die sie moderieren werden?
* Welche möglichen Wege gibt es dafür, alle regelmäßig einzubinden?
* Wie offen sind die Beteiligten für Online-Veranstaltungen?

© Springer Fachmedien Wiesbaden GmbH, ein Teil von Springer Nature 2019
F. Waible, *Online-Moderationen planen, vorbereiten und durchführen*, essentials,
https://doi.org/10.1007/978-3-658-23869-8_5

Basierend auf den Informationen bilden sie im Gespräch immer wieder Hypothesen und versuchen diese aufzuklären. Beispielsweise erhalten Sie auf die Frage „Wie sehen die gewünschten Ziele aus?" die Antwort: Wenn es keine Reibereien mehr bei Regelterminen gibt. Ihre Annahme könnte sein, es besteht ein persönlicher Konflikt zwischen zwei Teammitgliedern. Dies gilt es zu verifizieren. Eine weitere Frage könnte sein: Wie genau sehen die Reibereien aus und wann treten sie auf? Dies geht so weiter, bis sie und der Auftraggeber ein klares Bild davon haben, was in der von ihnen moderierten Veranstaltung geleistet werden kann und was ihr Beitrag ist.

In diesem Gespräch sollte auch besprochen werden, mit welchen Möglichkeiten und Veranstaltungsformaten das Ziel erreicht werden kann.

Wenn die Möglichkeit besteht eine Präsenzveranstaltung durchzuführen, ist diese die beste Wahl Menschen in Kontakt zu bringen und gemeinsam an Themen zu arbeiten. Dies ist jedoch nicht immer gegeben und eventuell ist eine Kombination aus unterschiedlichen Formaten sinnvoll. Im Folgenden werden unterschiedliche Kombinationen von Formaten dargestellt. Veranstaltungen, die ausschließlich in Präsenz gemacht werden können sind hier nicht genannt.

Beispiele für mögliche Formate
Teamentwicklung bei global verteilten Teammitgliedern:

Option 1: Auftaktveranstaltung in Präsenz mit mehreren Online-Folgeveranstaltungen
Option 2: Mehrere Online-Veranstaltungen über mehrere Wochen an bestimmten Tagen und zu bestimmten Zeiten

Beispiele
Strategie-Workshop mit überregional verteilten Teammitgliedern

Option 1: 2 Tage Präsenz Strategie-Workshop mit den notwendig Beteiligten und ergänzende Folgeveranstaltung mit einem erweiterten Kreis an abteilungsexternen Experten und Nachbarbereichen zur Validierung der Strategie
Option 2: Mehrere strukturierte Online-Veranstaltungen über mehrere Wochen mit wechselnden Teilnehmern, um ganzheitlich die Organisation einzubinden.

Es hat sich bewährt, eine Kombination aus Präsenz- und Online-Veranstaltungen durchzuführen. Zum einen wird in der Präsenzveranstaltung eine Verbindung zwischen den Teilnehmern und ein wenig Vertrauen aufgebaut. Ebenso ist es nachhaltiger, da bestimmte Themen in den weiteren Veranstaltungen weiterbearbeitet und somit nicht vergessen werden. Auch von einer Kosten/Nutzen-Seite aus stellt dies eine gute Möglichkeit dar, da Reisezeit und Reisekosten eingespart werden.

5.2 Zeitlichen Rahmen klären

Der zeitliche Rahmen ist ein wichtiger Punkt, da dieser für den strukturellen Aufbau und Ablauf des Workshops eine Leitplanke darstellt. Erfahrungsgemäß wird die Frage an den Moderator gestellt: „wie lange brauchen Sie Online dafür?", da meist die Erwartungshaltung vorherrscht, dass es schneller geht. Die Antwort ist, es dauert genauso lange wie eine Präsenzveranstaltung. Es besteht häufig der Irrglaube, dass Themen in einer Online-Besprechung schneller verarbeitet werden, jedoch wird nicht bedacht, dass die Zeit, die durch die Fahrtwege eingespart wird, die Online meistens nicht vorhanden sind, darin investiert werden muss, eine gute Diskussion zu führen.

Das bedeutet, es gilt dasselbe Zeitgefühl oder dieselben Zeitplanungsprinzipien wie bei Präsenzveranstaltungen. Wenn bspw. ein Strategie-Workshop für 2 Tage geplant ist, dann wären es 6 Online-Veranstaltungen á 2,5 h.

▶   Online-Workshops zwischen 60 min (ohne Pause) und maximal 150 min (mit 2 Pausen).

5.3 Organisatorische Vorbereitung

Allgemein angenommen, bedarf es weniger Vorbereitung für eine Online-Veranstaltung. Es ist jedoch mehr eine Verlagerung von organisatorischen Themen als weniger Aufwand. Anstatt Räumlichkeiten ggfs. Reisearrangements zu buchen, liegt der Fokus darauf sicherzustellen, dass alle Teilnehmer die Möglichkeit haben an der Online-Veranstaltung teilzunehmen. Anstatt die notwendigen Flip-Charts und den Konferenzraum vorzubereiten, ist es ebenso sinnvoll den virtuellen Raum oder das, was inhaltlich notwendig ist für den Workshop vorzubereiten.

Das bedeutet, es ist wichtig zu wissen, woher kommen die Teilnehmer, bzw. von wo aus wählen sie sich in die Konferenz ein. In welcher Zeitzone befinden sich die Teilnehmer und welche technischen Rahmenbedingungen sind gegeben.

Zeitzone

Basierend auf der Information, von wo aus sich die Teilnehmer einwählen ist festzulegen, zu welcher Uhrzeit eine Online-Veranstaltung stattfinden soll. Die Vormittage bieten sich für die Zeitzonen Asien & Europa an und die Nachmittage für Europa & Amerika. Wenn Teilnehmer aus allen Zeitzonen beteiligt sind und es sich um eine Serie von Online-Workshop handelt, macht es Sinn den Online-Workshop in jeder Zeitzone einmal zu einer guten Tageszeit zu machen.

Technische Rahmenbedingungen

Auf den ersten Blick erscheint das ein weites Feld zu sein und viele scheuen sich deshalb davor Online-Workshops durchzuführen. Diese Informationen sind aber wichtig, da sie für die reibungslose Durchführung notwendig sind. So wie ein Hotel eine Raumbuchung zusagt, muss sichergestellt sein, dass die Teilnehmer die technischen Voraussetzungen haben, um an der Veranstaltung teilnehmen zu können.

Hierzu gibt es ein paar grundlegende Fragen, die zu berücksichtigen sind und geklärt werden müssen:

- Ist eine ausreichende Netzwerkbandbreite bei allen Teilnehmern gesichert? Am besten DSL-Internetanschluss (Breitband), Geschwindigkeit ab 2000 DSL (keine UMTS-Verbindung)
- Wenn die Netzwerkbandbreite geringer ist, sollte eine alternative Audio-Leitung (ähnlich wie bei Telefonkonferenzen) vorhanden sein.
- Sind die technischen Grundvoraussetzungen bei allen gleich, etwa PC mit Betriebssystem Windows oder Apple MacOS mit Soundkarte und Lautsprecher/Kopfhörer?
- Ist eine Web-Cam an allen Geräten verfügbar und freigeschaltet?
- Sind Tablets für Online-Workshops vorhanden? Als zweites Endgerät kann ein Tablet genutzt werden, z. B. zum gemeinsamen Zeichnen oder Informationen sammeln & bearbeiten.
- Welche Online-Plattform wird verwendet? Dies hat eine wesentliche Auswirkung auf die Möglichkeiten, wie ein Online-Workshop gestaltet werden kann. Mehr dazu im Kapitel Online-Raum.

▶   Technisch ist es möglich ausschließlich Tablets für einen Online-Workshop zu verwenden. Allerdings sind diese aufgrund ihrer Größe nicht gut geeignet für Online-Workshops, da alle Informationen (Bilder von Teilnehmern, Präsentationen und Diskussions-Chats) auf dem kleinen Bildschirm dargestellt werden.

Teilnehmer

Im Kontext der Zielsetzung ist zu entscheiden, welche Gruppengröße und welches Veranstaltungsformat eine Veranstaltung haben soll. Hierzu kann Abb. 3.1 hilfreich sein.

Es ist auch gut zu wissen, welche Vorkenntnisse über Online-Workshops bei der Teilnehmergruppe vorhanden sind. Je weniger Erfahrung die Teilnehmer mit virtuellen Veranstaltungen haben, desto schneller sind sie mit vielen Inhalten auf einem kleinen Bildschirm überfordert. In diesem Fall sollte am Anfang des Workshops eine kurze Einführung in den virtuellen Raum mit einer Übung stattfinden, damit die Teilnehmer damit vertraut werden. Wenn mehr Erfahrung vorhanden ist, reicht ein Überblick, wie der Raum aufgebaut ist und wie einzelne Elemente, z. B. Chat-Boxen, Feedback geben, genutzt werden.

▶ Je mehr Personen an der Veranstaltung teilnehmen, desto leichter ist es für den Einzelnen sich in der Menge zu verstecken oder unterzutauchen. D. h. je kleiner die Gruppen sind, desto interaktiver ist der Austausch.

5.4 Didaktische Prinzipien

Damit ein Online-Workshop zu einer guten Erfahrung wird, gehe ich auf den folgenden Seiten auf ein paar Überlegungen ein. Sie bauen auf den neurodidaktischen Prinzipien Renata Nummela Caines nach (Caine, G., Caine, R. N., & Crowell, S., 1994), Franz Hütters und Sandra Mareike Langs (F. Hütter, S. M. Lange, 2017) auf und werden im Hinblick auf Online-Veranstaltungen und den spezifischen Kontext betrachtet. Hierbei zeigt sich, dass, egal ob auf Präsenz- oder Online-Veranstaltungen, die Prinzipien einer wirksamen Didaktik sehr ähnlich sind.

Damit wir Menschen Informationen aufnehmen und verarbeiten können, benötigen wir Impulse über die unterschiedlichen Sinneskanäle, die uns ansprechen. Damit diese Informationen nicht verloren gehen, ist es notwendig diese Informationen zu konsolidieren und zu wiederholen, ansonsten geraten sie wieder in Vergessenheit. Das heißt auch, werden viele Informationen gleichzeitig vermittelt, beispielsweise über einen überladenen Bildschirm mit unterschiedlichen Informationsangeboten, wird keine der Informationen aufgenommen. In diesem Fall heißt das, „Weniger ist mehr". Es ist sinnvoll einen aufgeräumten virtuellen Raum zu haben. Ebenso sollte die Empfehlung an die Teilnehmer gegeben werden, einen großen Bildschirm zu nutzen, anstatt einen kleinen Laptop-Bildschirm.

Bei vielen Online-Veranstaltungen werden ohne große Aufwärmphase direkt die Tagesordnungspunkte aufgelegt. Es scheint der Irrglaube vorhanden zu sein, gleich mit dem Inhalt anzufangen erhöhe die Effizienz. Der Schein trügt jedoch, denn wir verarbeiten und lernen Informationen erst dann, wenn wir eine soziale Akzeptanz erhalten und wenn wir mit Menschen interagieren und zwischenmenschlich verbunden sind (Bauer 2009). Für Online-Veranstaltungen genauso wie für Präsenzveranstaltungen bedeutet das ein gutes Kennenlernen der Teilnehmer untereinander. Nur, wenn ich mehr vom anderen weiß oder die anderen Teilnehmer mehr von mir wissen, werde ich mich öffnen. Ansonsten herrscht eine Anonymität vor, die durch das Medium sogar noch verstärkt wird. Es ist somit wichtig eine Interaktionsplattform zu schaffen.

Ein weiterer Faktor für die Aufnahme von Informationen ist die persönliche Perspektive auf Sinnhaftigkeit. D. h. wir nehmen nur Inhalte auf, die an bestehende Informationen anknüpfen können und die für uns persönlich von Relevanz sind. Übertragen auf Online-Veranstaltungen bedeutet dies, in der Eingangsrunde der Veranstaltung die Erfahrungen und die Erwartungshaltung der Teilnehmer abzufragen.

Ein weiteres Prinzip, welches im ersten Moment bei Online-Veranstaltungen schwierig zu erreichen scheint, ist es Emotionen zu erzeugen. Nur emotionale Erregungszustände ermöglichen ein langfristiges Lernen, da hierbei Hormone ausgeschüttet werden, die dafür benötigt werden. Dies könnte Angst vor Begegnungen mit Technik sein oder Freude etwas Neues gelernt zu haben. Um als Moderator Emotionen hervorzurufen, können wir den Teilnehmern Erinnerungen vermitteln oder Modelle präsentieren, Bilder aus unterschiedlichen Lebensbereichen zeigen oder Geschichten anbieten, die solche Prozesse anstoßen.

Entscheidungsprozesse in Online-Veranstaltungen durch zusätzliche Werkzeuge wie „Poll-Abfragen", ähnlich wie Klebepunkte in Präsenzveranstaltungen, zu erleichtern scheint eine gute Möglichkeit. Zwar ist es gut, dass es solche Möglichkeiten gibt, jedoch trügt der Schein, denn nicht der gedankliche Entscheidungsprozess wird beschleunigt, sondern nur die Möglichkeit der Entscheidungserfassung.

Wenn in Präsenzveranstaltungen mit Klebepunkten gearbeitet wird, hat jeder Teilnehmer etwa 3–5 min Zeit. Die Teilnehmer stehen auf, das Gehirn wird durchblutet, es wird ein kleiner Weg vom Stuhl zum Flip-Chart zurückgelegt, bevor der Punkt aufgeklebt wird. In Online-Veranstaltungen findet weniger Bewegung statt und es ist meist weniger Zeit für eine Entscheidung. Die Frage ist, welche Qualität hat diese Entscheidung dann. Es soll nicht heißen, dass Entscheidungen in Online-Veranstaltungen schlecht sind, jedoch sollte sich über den Weg zur Entscheidungsfindung bewusst Gedanken gemacht werden.

5.5   Inhaltliche Vorbereitung

Der Ablaufplan

Wie bei der Moderation einer Präsenzveranstaltung ist es auch sinnvoll einen Ablaufplan für eine Online-Veranstaltung zu haben. Der Aufwand hierfür ist ähnlich wie bei einer Präsenzveranstaltung und bedarf einiger Übung, um ein gutes Zeitgefühl für die einzelnen Abschnitte während der Online-Veranstaltung zu bekommen. Aus der Erfahrung haben sich folgende Punkte bewährt:

- Zeitplanung: Eine minutengenaue Start- und Endzeit für jede Phase, da in einem max. 2,5 h Online-Workshop weniger Pufferzeit und Flexibilität möglich ist.
- Das Thema: Wie lautet die Überschrift der jeweiligen Arbeitsphase?
- Das Ziel: Was genau soll in der jeweiligen Phase erreicht werden?
- Detaillierter Inhalt zum Themas: Wie genau wird die jeweilige Phase ablaufen? Welche Inhalte werden gezeigt? Was soll getan werden?
- Methodik: Welche Methodik wird verwendet?
- Technik: Welche weiteren Online-Werkzeuge werden in der jeweiligen Phase verwendet, um die Methodik zu unterstützen, z. B. Skalierungsfragen.
- Moderationsleitfaden: Wenn zwei Personen den Workshop moderieren und diese nicht im selben Raum sitzen, also sich ebenfalls nur Online sehen, ist es sinnvoll einen Gesprächsleitfaden zu haben. Wer sagt wann was? Wie soll die Moderation zwischen den Moderatoren ablaufen?
- Welches Layout: Verschiedene Plattformen ermöglichen es, den Online-Workshop Raum vorher aufzusetzen und dem Ablauf entsprechend zu gestalten. Daher macht es sehr viel Sinn sich dazu Gedanken zu machen, was die Gruppe in der jeweiligen Phase benötigen könnte bzw. was nicht mehr angezeigt werden muss. Wenn es nur eine Möglichkeit – ein Set-up gibt, wäre in der Spalte Layout festzuhalten, welche Elemente (Web-Cam, Präsentation, Whiteboard) freigeschaltet sind.

In dem Beispiel in Tab. 5.1 ist illustrativ der Anfang eines Online-Workshops dargestellt.

Den Online-Raum vorbereiten

In Abhängigkeit von den technischen Rahmenbedingungen gibt es primär zwei Szenarien, um einen virtuellen Raum vorzubereiten.

Tab. 5.1 Beispiel Ablaufplan

Zeit	Dauer	Agenda Punkt	Beschreibung	Skript	Material/Technik	Ziel	Layout
10 min vor der Veranstaltung	0:10	Org Set-up	Raum bereinigen und testen • Vorbereitung Arbeitsgruppe • Prüfen von dial-in • Tn einlassen (5-10 min)			Mit dem Raum spielerisch vertraut werden	
00:00	0:10	Gute Ankunft Moderatoren vorstellen	• Willkommen • Während der Wartezeit können die Tn ihren Standort zeigen und die Frage (Poll-Fragen) beantworten. • Kurze Vorstellung der Trainer Ziel der Veranstaltung und Regeln	• Moderator 1 (M1) begrüßt Teilnehmer (Tn) und lädt sie ein die unterschiedlichen Fragen auf dem Bildschirm zu beantworten sowie ihren Standort auf der Landkarte zu zeigen Freischalten der Web-Cam der Tn • M1 macht die Überleitung zum Willkommen mit kurzer Vorstellung – Überleitung an M2 und für Zielsetzung. • M1 erklärt den Raum, erklärt den Aufbau des Raumes	Folien für Ankunft Agenda Regeln Poll-Fragen	Gute Ankunft Überblick über Schulung (Logistische Fragen)	Ankunftsraum mit Landkarte

Es gibt Online-Räume, die eine relative starre Einstellung haben. Diese haben meist 3 bis 4 Variationsmöglichkeiten. Neben der Audiofunktion kann die Web-Cam freigeschaltet werden, eine Präsentation geteilt werden, eine gemeinsame Chat-Funktion und ein Whiteboard.

Eine weitere Gruppe von Werkzeugen/Plattformen für Online-Werkzeuge sind sehr flexible, die auf die Anforderungen von einzelnen Arbeitsphasen unterschiedliche aufgebaut und zusammengestellt werden können. Das bedeutet neben den bereits genannten Möglichkeiten können hier Skalierungsfragen genutzt werden, individualisierte Chats, Notizfelder und parallel geführte Kleingruppendiskussionen, (siehe Abschn. 8.5) realistisch nahe an einem Präsenz-Workshop Szenario.

Zwischen diesen beiden Möglichkeiten, Plattform mit Grundfunktionalität und einer individuellen Raumgestaltung, gibt eine große Bandbreite an Plattformen, die eine Mischform haben.

Ein weiteres Gestaltungskriterium ist, wie kleine zusätzliche Software-Helfer in die Veranstaltung eingebaut werden können, wie Software oder Add-ons für Online Skalierungsfragen und Online-Moderationskarten mit Pin Board Funktion, Grafische Boards und SmartBoards. Diese Helfer sind dann sinnvoll, wenn nur die Grundfunktionen in einem Online-Raum zur Verfügung stehen.

Eine Übersicht über mögliche Plattformen oder Software-Helfer, die keinen Anspruch auf Vollständigkeit hat, befindet sich im Abschn. 9.2 und 9.3.

Vorbereitung bei einem Raum mit Grundfunktionen
In einem Präsenzworkshop werden normalerweise Flip-Charts vorbereitet. In dem virtuellen Raum mit Grundfunktion kann meist nur eine Präsentation hochgeladen werden. Das heißt, die Präsentation sollte die Inhalte und Arbeitsanweisungen, wie die Inhalte der Flip-Charts, wiedergeben.

Ebenso sollte in den jeweiligen Arbeitsschritten für die Teilnehmer erklärt werden, wie die einzelnen Funktionen im Online Raum genutzt werden, z. B. ob die Chat-Funktion für das Brainstorming genutzt wird. Eine Aussage im Chat entspricht einer Aussage auf einer Moderationskarte in einem Präsenzworkshop. Die Zusammenführung und Gruppierung der Informationen sollte dann in einer Applikation auf dem Computer des Moderators stattfinden, während sie auf dessen Bildschirm für alle geteilt werden Dies scheint im ersten Moment etwas umständlich, ist aber durchaus leicht machbar.

Möchte der Moderator eine Kleingruppenarbeit machen, ist es notwendig, der Gruppe zu erklären, dass sie für den Zeitraum der Gruppenarbeit kurzfristig einen eigenen Online-Raum nutzen müssen und sich nach der Bearbeitungszeit wieder im Gemeinschaftsraum einwählen. Dies ist zunächst etwas mühsam, jedoch eine einfache Möglichkeit unter diesen Rahmenbedingungen auch Gruppenarbeiten durchzuführen.

Wenn zusätzliche Software verwendet wird, die es ermöglicht virtuelle Moderatorenkarten oder Workshop Prozessabläufe zu gestalten, sollte diese den Teilnehmern entsprechend erklärt werden.

▶   Wenn die Präsentation in einem Flip-Chart Stil dargestellt wird, kommt
     es einem Workshop-Szenario näher, da Hochglanzfolien unterbewusst
     wenig Spielraum geben.

Vorbereitung bei individualisierbarem Online-Raum
In einem individualisierbaren virtuellen Raum kann jeder Arbeitsschritt im Workshop-Ablauf individuell gestaltet werden. Das bedeutet, welche Information sollte wann im Raum sichtbar sein? Wann werden Inhalte geteilt, wo werden Fragen & Anweisungen dargestellt und wie werden die unterschiedlichen Funktionen wann verwendet. Es bedarf einiger Übung einen individualisierbaren Raum aufzusetzen, da am Anfang jeder einzelne Schritt aus Teilnehmersicht nachvollzogen werden sollte, um ein gutes Verständnis für einen reibungslosen Ablauf zu bekommen.

Auch in diesem individualisierbaren Raum können zusätzliche Software-Helfer sinnvoll und hilfreich sein.

Wenn der Raum fertig aufgesetzt ist, wird es eine Abfolge von mehreren virtuellen Raumgestaltungen geben. Hier haben sich nachfolgende Räume bewährt:

* Ankunftsraum:
  Dieser beinhaltet Informationen über den Raum, eventuelle Eröffnungsfragen können die Teilnehmer bewerten. Es kann sich um Fragen handeln, die Teilnehmer in Kontakt bringen, eine Landkarte, auf der Teilnehmer anzeigen, von wo aus sie sich eingewählt haben. Ebenso kann die Agenda bereits mitgeteilt werden. Der Ankunftsraum wird genutzt, bis die Veranstaltung anfängt.
* Vorstellungsraum:
  Hier sind Web-Cams freigeschaltet und im Bemerkungsfeld steht die Anweisung: Vorstellung des Namens und die Erwartung vom Workshop, oder eine andere Kontextfrage, die zur Veranstaltung passt.
* Inhaltsraum:
  Die Bilder der Web-Cams sind wieder ausgeblendet, ggfs. nur noch der Präsentator zu sehen und die Präsentation steht im Vordergrund. Dies ist die meistverwendete und bekannteste Form bei Online-Veranstaltungen.
* Diskussionsraum:

Nach der inhaltlichen Vorstellung könnte die nachfolgende Runde eine Klein-gruppendiskussion zu einer bestimmten Fragestellung sein. D.h. es gibt meh-rere Gruppen, die in sogenannten Break-out Sessions gleichzeitig ungestört an der Fragestellung arbeiten können.

- Ergebnisvorstellungsraum:
  Nach der Bearbeitung in den Kleingruppen erfolgt die Präsentation der Ergebnisse im Plenum, in der Großgruppe. Hierfür gibt es wieder einen vor-definierten Raum, der bereits die erarbeiteten Inhalte darstellt. Ähnlich wie wenn in einer Präsenzveranstaltung die jeweiligen erarbeiteten Flip-Charts vorgestellt werden.
- Abschlussraum:
  Hier wird wieder die Web-Cam eingeschaltet und abschließend die nächsten Schritte besprochen und festgehalten.

Diese Art der Raumgestaltung stellt das Grundgerüst dar und kann auf eine Ver-anstaltung bezogen weniger oder mehr virtuelle Raumabfolgen haben.

Schwierige & besondere Situationen berücksichtigen

6

Als Moderator von Online-Veranstaltungen entstehen genauso schwierige Situationen wie bei Präsenzveranstaltungen. Die Arten der möglichen Schwierigkeiten werden in einer Online-Veranstaltung noch durch die technische Ebene und ihre Facetten erweitert. Um als Moderator souverän die Situation zu begleiten und unnötigen Stress und reflexartiges Handeln zu vermeiden, ist es notwendig sich gut in der technischen Umgebung auszukennen und die nötige mentale Vorbereitung (Kanitz, 2016) für die Veranstaltung mitzubringen.

Eine mentale Vorbereitung hilft speziell dabei in Online-Veranstaltungen gelassen und souverän mit der schwierigen Situation umzugehen. Der sichere Umgang in dem technischen Umfeld mit der Gruppe spiegelt sich in den Teilnehmern wieder. Dadurch erhöht sich die Möglichkeit, dass schwierige Gegebenheiten abgewendet und gute Lösungen vorgeschlagen werden.

Die technische Vorbereitung bzw. das Beherrschen der Software für eine Online-Veranstaltung ist ebenfalls ausschlaggebend, um die Gruppe souverän durch die Veranstaltung und schwierige Situationen zu führen. In der physischen Veranstaltung wäre es der Umgang mit Stift, Flip-Charts, Meta-Plan, optimale Raumbestuhlung für die Veranstaltung und ein gutes Zusammenspiel durch entsprechende Methoden und Werkzeuge. Das bedeutet, der Moderator sollte den Umgang mit der verwendeten Online-Konferenz Software üben, um in der Veranstaltung selbstverständlich damit umgehen zu können.

Im Nachfolgenden sind typische Moderationssituationen beschrieben, die häufig als schwierig erlebt werden. Es werden Wege aufgezeigt, wie man sich auf die einzelnen Situationen vorbereiten kann.

© Springer Fachmedien Wiesbaden GmbH, ein Teil von Springer Nature 2019
F. Waible, *Online-Moderationen planen, vorbereiten und durchführen*, essentials,
https://doi.org/10.1007/978-3-658-23869-8_6

6.1   Szenario 1: Technische Herausforderungen

Einwahlprobleme

Eine typische Situation in Online-Veranstaltungen ist, dass sich Teilnehmer nicht einwählen können oder nicht wissen, wie man sich einwählt. Dadurch kann sich der Start einer Veranstaltung um bis zu 15 min verschieben. Ein Moderator kann in einer solchen Situation unter Stress geraten, weil er selbst nicht weiß, woran es liegt. Meistens hat er keinen oder nur punktuellen Kontakt über eine alternative Telefonleitung oder über Email. Die Teilnehmer sehen ihn als technische Unterstützung (Support).

Für diese Situation gibt es mehrere Ansatzpunkte, um sie zu vermeiden oder zu lindern.

- Im Einladungstext sollten neben den Einwahl-/Ein-Log Informationen ebenso Informationen über die Vorbereitung der Teilnehmer stehen. Folgende technischen Voraussetzungen sollten gegeben sein: Wie kann der Teilnehmer eine schnelle Internetverbindung sicherstellen? Wie kann er die Verbindung vorab testen, ggfs. Text-Links anbieten, Hinweise, welche Browser mit der Online-Veranstaltung funktionieren und welche nicht.
- Wenn zwei Moderatoren die Veranstaltung betreuen, kann sich einer mit den Teilnehmern, die Einwahlprobleme haben beschäftigen und der zweite startet die Veranstaltung.
- Die meisten Firmen habe eine interne Hotline für solche Probleme. Diese Hotwahl-Nummer sollte in der Einladung mit versendet werden.

▶   **Tipp**
Skype for Business funktioniert nicht mit dem Browser „Firefox und Opera".
    Stand: Juli 2018

Web-Cam-Probleme

Eine weitere typische Situation ist, dass bei einzelnen Teilnehmern die Web-Cam nicht funktioniert oder sie die Bilder bzw. übertragenen Bilder nicht sehen.

Der Moderator kann hier nur bedingt helfen in Abhängigkeit der verwendeten Besprechungssoftware. Wenn die Web-Cam aus datenschutzrechtlichen Gründen vom Unternehmen nicht freigeschaltet ist, muss die Veranstaltung ohne Web-Cam für diese Teilnehmer stattfinden. Es kann aber auch sein, dass die Web-Cam noch eine zusätzliche Add-On Software (z. B. erstmalig bei der Nutzung von Adobe Connect) benötigt, die, wenn die Web-Cam eingeschaltet wird, zuvor noch installiert werden muss. Dies geschieht benutzergeführt, jedoch kann das den Teilnehmer irritieren.

Generell kann der Moderator nur Hilfestellung geben, wie eine Web-Cam in der Konferenzsoftware für den Teilnehmer, aus Teilnehmersicht, gestartet werden kann. Der Moderator kann sich bei den allermeisten Konferenzplattformen nicht in den Computer des Teilnehmers einloggen und die Web-Cam einschalten.

Audio-Probleme
Eine weitere Schwierigkeit ist, wenn die Teilnehmer den Moderator zwar hören und sehen, jedoch selbst nicht verbal zur Besprechung beitragen können. Diese ist deshalb fatal, weil so kein Austausch stattfinden kann und wenn dieses Problem nicht behoben wird, muss die gesamte Veranstaltung abgesagt und verschoben werden.
Bei Thema Audio-Probleme gibt es unterschiedliche Feinheiten:

* Der Teilnehmer sieht und hört die anderen und kann sich mittels Chat-Funktion bemerkbar machen und auf sein Problem hinweisen.
Als mögliche Lösung kann der Moderator unterschiedliche Ideen zur Problemlösung geben: z. B. Audio-Einstellung prüfen, alternative Einwahlnummer geben.
* Der Teilnehmer kontaktiert über Email den Moderator. Hier kann der Moderator die bereits genannten Ideen anbieten oder an den zuständigen IT-Support verweisen.

▶   In den meisten Fällen können technische Problem im Vorfeld mittels eines Tests durch die Teilnehmer unterbunden werden.

Problem: Anrufbeantworter in Audio-Leitung
Ein Phänomen, welches immer wieder auftritt ist, wenn sich ein Teilnehmer erfolgreich eingeloggt/angemeldet hat und sich aus der Online-Veranstaltung auf seinem Mobiltelefon zurückrufen lässt, weil die Audioleitung nicht über den Computer läuft (kein Voice over IP), sondern über die Telefonleitung. Hierbei passiert es öfters, dass der Teilnehmer nicht schnell genug seinen Anruf annimmt und der Anruf aus der Konferenzschaltung direkt beim Anrufbeantworter ankommt. Das ist zum Leidwesen aller Beteiligten, da jetzt der Ansagetext des Anrufbeantworters für alle zu hören ist.
In diesem Fall gibt es nur eine Möglichkeit, erst alle Teilnehmer bitten ruhig zu sein, anschließend den Teilnehmer zu identifizieren, bei dem das Telefonzeichen auf dem Bildschirm weiterhin Aktivität zeigt und abschließend diesen Teilnehmer aus der Veranstaltung zu entfernen, damit dieser sich erneut anmelden muss.

Problem: Internet zu langsam

Es passiert regelmäßig, dass eine Online-Veranstaltung zu unterschiedlichen Tageszeiten und in bestimmten Bereichen zu langsam ist. Das kann sich unterschiedlich auswirken. Bei minimalen Verzögerungen bei der Datenübertragung kann es passieren, dass die Mundbewegungen des übertragenen Videobildes nicht zum Sprechen der Person passen. Ebenso ist der Bildaufbau von übertragenen Informationen, etwa bei Präsentationen, unterschiedlich schnell bei den Teilnehmern. Solange es sich in diesem Rahmen hält, stört das eventuell, aber es kann noch gearbeitet werden. Für einzelne Teilnehmer kann es auch bedeuten, dass eine Web-Cam Übertragung nicht möglich ist, jedoch kann ansonsten an der Online-Veranstaltung teilgenommen werden.

Wenn jedoch die Geschwindigkeit so langsam wird, dass die Audio-Leitung verzerrt ist und Informationen von den Teilnehmern nicht erfasst oder bearbeitet werden können, dann sollte die Veranstaltung abgebrochen und verschoben werden. Als Moderator können Sie keine technische Unterstützung leisten. Sie sind verantwortlich, dass die Gruppe zielgerichtet moderiert wird.

6.2 Szenario 2: Die Gruppe ist skeptisch gegenüber Online-Veranstaltungen

Es gibt immer Situationen, in denen Teilnehmer einer Online-Veranstaltung sehr skeptisch gegenüberstehen. „Ich brauche den persönlichen Kontakt, um mich gut austauschen zu können." „Nur physische Veranstaltungen sind produktiv." „Ich weiß gar nicht so recht, wer alles in der Online-Veranstaltung ist."

Diese Haltung ist aus der Erfahrungsperspektive der Teilnehmer absolut nachvollziehbar. Denn keiner möchte in einer Veranstaltung sein, egal ob Präsenz oder Online, die nicht effektiv und sinnstiftend ist.

Neben der Skepsis gegenüber den Online-Veranstaltungen könnte diese Haltung auch gepaart sein mit dem Zweifel an der Kompetenz des Moderators, die Online-Veranstaltung gut zu moderieren. Vielleicht sind sie ein externer Moderator und man traut ihnen diese Aufgabe nicht zu. Vielleicht besteht auch Angst bei den Teilnehmern, sich technisch nicht so gut auszukennen und eventuell zu blamieren. Ich sehe es als normal an, dass ein Moderator/ eine Moderatorin in Teilen eine offene oder verdeckte Skepsis, Zweifel oder Ablehnung von Teilnehmern erlebt.

Es können Zweifel zum Thema, der Person, der beteiligten Personen, der Methodik sein oder sie sind der persönlichen Situation des Teilnehmers geschuldet. Als Moderator/Moderatorin werde ich dies in den meisten Fällen nicht erfahren und wenn doch, kann ich diese Zweifel nicht entkräften. Ich kann aber in meiner Rolle als Moderator/Moderatorin wertschätzend Verständnis zeigen und durch mein Verhalten Vertrauen aufbauen, welches zu einer Kooperation führen kann.

Als weiterer Schritt, um die Skepsis gegenüber dem Medium „Online-Veranstaltung" aufzugreifen, ist, sich auf den Prozess und das Medium „online" einzulassen, wohl wissend, dass eine Präsenzveranstaltung geeigneter sein könnte. Meist gibt es jedoch Rahmenbedingungen, wie Reiseeinschränkungen, Dringlichkeit des Themas, kurzfristiger Informationsaustausch von an unterschiedlichen Orten verteilten Teammitarbeitern. Unter diesem erweiterten Gesichtspunkt habe ich die Erfahrung gemacht, dass die Teilnehmer sich mehr auf eine virtuelle Veranstaltung einlassen. Es ist nicht perfekt, aber besser als gar keine Veranstaltung.

6.3   Szenario 3: Einzelne Teilnehmer sind schwierig

Jeder Moderator kennt die Situation, dass einzelne Teilnehmer schwierig oder anstrengend sein können. Hierfür gibt es die unterschiedlichsten Gründe: Der Teilnehmer möchte die Aufmerksamkeit. Er hat schlechte Erfahrungen mit der Moderation oder den Medium Online gemacht. Er wird von den Vorgesetzten als schwierig tituliert und schwärzt gerne an. Er sucht die Fehler bei anderen.

Um mit einer solchen möglichen Situation gut umgehen zu können, empfiehlt es sich, sich darauf vorzubereiten. Passiert das nicht, kann der Moderator von seinen Emotionen überwältigt werden, welche das Denk- und Ausdrucksvermögen mindern und damit die Moderation schwächen. Es ist also wichtig, sich mental und methodisch auf mögliche Situation vorzubereiten, um diese entsprechend zu meistern, weil Sie in schwierigen Situation dann automatisch und intuitiv reagieren.

Mögliche Vorbereitungsschritte für den Umgang mit schwierigen Teilnehmern:

- Machen Sie sich Gedanken, was eintreten könnte und wodurch die Teilnehmer verunsichert werden könnten. Wodurch könnte das definierte Ziel gestört werden?
- Welche Bedürfnisse oder Antreiber hat der Teilnehmer?
- Welche technischen Möglichkeiten habe ich diesen Teilnehmer entsprechend einzubinden oder ein Gespräch in einer Zweier-Konferenz in der Pause zu führen?
- Welches technische Set-up macht hier am ehesten Sinn? Z. B. alle Web-Cams freischalten, sodass jeder sichtbar ist. Es macht einen Unterschied, ob jemand anonym bleibt oder sichtbar ist.
- Wie kann ich als Moderator intervenieren, um einen guten Zugang zu der Person zu bekommen?
- Rufen Sie sich das höhere Ziel der Veranstaltung mit allen Beteiligten in Erinnerung und klären Sie, wie viel Raum der schwierige Teilnehmer einnehmen sollte oder darf.

Beispiel

In einer Online-Veranstaltung mit der Überschrift: „Rückmeldung über die Umorganisation" äußerte sich ein Teilnehmer permanent negativ und destruktiv, angefangen bei der Vorstellungsrunde. Als Moderator war es schwierig das Ziel vor Augen zu halten, da dieser kontinuierlich den Ablauf störte und unterbrach. Die Veranstaltung war für 2 h angesetzt. Nach etwa 30 min entschloss ich mich als Moderator diesem Teilnehmer für die mehrere Minuten dauernde verständnisvolle Rückmeldung zu danken und Anerkennung dafür zu geben, wie ehrenhaft es ist, das zu ertragen, Verständnis für die Missstände und seine Situation zu zeigen und wie toll es sei, dass er unermüdlich dafür einsteht. Abschließend fragte ich, ob es für ihn in Ordnung wäre, wenn ich eine solche offene Rückmeldung auch von den anderen Teilnehmern bekäme, da diese eventuell ähnliche Erfahrungen gemacht haben. Dies könnte der Organisationsleitung dabei helfen – auch wenn es für ihn noch nicht ersichtlich sei –, diese Missstände zu beheben. Er stimmte zu und ich konnte im Ablauf weitermachen.

▶ Dadurch, dass Online-Veranstaltungen (1–2 Std.) in aller Regel viel kürzer als Präsenz-Veranstaltungen (Halbtags- oder Ganztags-Workshops) sind, muss die Moderation in schwierigen Situationen schneller reagieren, da sonst der Erfolg, die Erreichung der Zielsetzung gefährdet ist.

6.4   Szenario 4: Das Thema löst Widerstand bei den Teilnehmern aus

Eine weitere Situation, die vielen sicherlich bekannt vorkommen wird, ist, dass Teilnehmer an einem Workshop teilnehmen müssen und denken: „Das braucht kein Mensch", „Ich habe etwas Besseres zu tun". Die beteiligten Mitarbeiter werden meist gar nicht gefragt ob und warum es sinnvoll wäre an den Workshops teilzunehmen. Oder aus der Erfahrung der Teilnehmer bringen solche Workshops nichts. Bei diesen Mitarbeitern gibt es Frustration, Überdruss, Überforderung bis hin zu offener Ablehnung der Veranstaltung.

Ein Moderator sollte über Unparteilichkeit und Wertschätzung unterschiedlicher Sichtweisen verfügen und diese Personen akzeptieren und würdigen. Zusätzlich ist es seine Aufgabe durch Fragen und Beispiele Impulse zu setzen, sodass der Teilnehmer einen Zugang zum Thema findet, um neue Wege zu öffnen.

Die Entscheidung alternative Wege zu nutzen liegt weiterhin beim Teilnehmer, jedoch kann die Moderation diesen Prozess unterstützen. Wie können Sie sich auf Widerstand oder Verhinderer vorbereiten:

- Widerstand heißt nicht, dass ihre Arbeit als Moderator schlecht ist.
- Welches technische Set-up ist für eine solche Diskussion am besten geeignet? Zum Beispiel: Sind alle Web-Cams eingeschaltet, sodass jedes Gruppenmitglied sichtbar ist? Es werden keine Dokumente geteilt.
- Wie würden Sie in der Situation als Teilnehmer reagieren und handeln?
- Akzeptieren Sie Schwierigkeiten als Teil des Prozesses und versuchen Sie herauszufinden, welche Bedürfnisse dahinterstecken.
- Versuchen Sie nicht gegen Widerstand anzugehen, es erzeugt nur noch mehr Widerstand. Machen Sie sich Gedanken, wie Sie den Druck rausnehmen können und gleichzeitig die Gruppe stärken.

Wie moderiere ich gut durch Online-Veranstaltungen?

7

7.1 Goldene Regeln für ein gutes Gelingen

1. Ein Micro-Timing Ablauf sollte beinhalten:
   - Zeit zum Ankommen, Warm-up, Vorstellung
   - Übersicht geben: Ziel, Inhalt (max. 10–15 min)
   - Zeit zur Verarbeitung, Diskussion, Feedback
   - Abschluss: Zusammenfassung der Besprechung, der nächsten Schritte, Abstimmung
   - Generell sollten Methoden, Tools, Vorlagen, Dauer einer Sequenz in diesem Ablauf geplant sein
   - Bei zwei Moderatoren ist ein Skript mit Moderationsübergabepunkten sinnvoll.

2. Daran denken: Wie kann ich Teilnehmer stärker an der Online-Veranstaltung beteiligen? Z. B.

   - F & A
   - Poll-Fragen
   - Diskussionen, Chat

3. Versenden der notwendigen Einlog-Information und den möglichen Einwahl-Alternativen sowie Informationen, welches technische Zubehör. (z. B. Web-cam, Headset, ruhigen Raum) benötigt wird
4. Moderator sollte mit der Plattform sehr vertraut sein und ruhig in der Moderation bleiben
5. Besprechungsregeln am Anfang zeigen/erinnern

© Springer Fachmedien Wiesbaden GmbH, ein Teil von Springer Nature 2019   39
F. Waible, *Online-Moderationen planen, vorbereiten und durchführen*, essentials,
https://doi.org/10.1007/978-3-658-23869-8_7

6. Verwendung der Web-Cam, wo sinnvoll und möglich
7. Eine „Hotline Nummer" bei technischen Problemen anbieten
8. Kurze Einführung der Konferenzplattform, wenn Teilnehmer diese nicht kennen
9. Zwei Moderatoren, wenn die Gruppengröße bei über 9 Teilnehmern liegt
10. Bei großen Gruppen: Wenn ein Teilnehmer sich bezüglich Lautstärke (Mikro stumm schalten) nicht an die Regeln hält, ihn aus der Moderatorenfunktion heraus stummschalten.

7.2   Kurz vor der Online-Veranstaltung

Der Moderator einer Präsenzveranstaltung ist immer früher im Raum, um diesen ggfs. vorzubereiten oder die Technik zu prüfen. D. h. Audio, Web-Cam und Übertragungsbild prüfen, Ausleuchtung und Hintergrund.

7.3   Einstieg

Ankommen
In Präsenzveranstaltungen betreten die Teilnehmer selbstverständlich den Raum, suchen sich einen geeigneten Platz und tauschen sich informell mit anderen Teilnehmern aus.

In der Online-Veranstaltung wählt sich oder log sich der Teilnehmer ein, er bewegt sich nicht viel und schaut abwartend auf den Bildschirm bis die Veranstaltung beginnt. Meist wird noch schnell etwas (z. B. Emails) erledigt. Für den Moderator einer Online-Veranstaltung fängt diese an, sobald der erste Teilnehmer eingewählt ist.

Bei kleinen Veranstaltungen bis 15 Personen erfolgt eine persönliche, namentliche Begrüßung und eventuell Nachfragen, ob es beim Einloggen Probleme gab. Wenn der Name nicht erkennbar ist, da sich der Teilnehmer über das Telefon eingewählt hat, nach dem Namen und ggfs. den letzten drei Ziffern der Rufnummer fragen, um ggfs. eine Zuordnung vornehmen zu können.

Bei großen Veranstaltungen die neu eingewählten Teilnehmer willkommen heißen und darüber informieren, wann mit der Veranstaltung gestartet wird. Hier hilft es auch einen sichtbaren Count Down für die Teilnehmer zur Verfügung zu stellen.

Zusätzlich gibt es mehrere Möglichkeiten, um ein Ankommen besser zu gestalten und die Wartezeit so zu überbrücken, dass die Teilnehmer bereits einbezogen werden, statt einen Kaltstart mit der Agenda und der Zielsetzung zu machen.

a) Eine Online-Abfrage (Poll-Question), die einen Bezug zur Veranstaltung hat. Neben der Überbrückung zum eigentlichen Veranstaltungsbeginn bekommt der Moderator bereits Informationen über die Gruppe und ist im Kontakt mit den Teilnehmern.

Beispiel

Beispiel Großgruppe: Thema Projektankündigung – Mögliche Poll-Frage: Wer hat bereits etwas über das Projekt gehört? Ja/Nein.

Beispiel Kleingruppe: Thema Projektupdate – Mögliche Poll-Frage: Wie verlief aus meiner Sicht das Projekt seit der letzten Besprechung? Sehr gut/ gut/weniger gut.

b) Small-Talk nur für Kleingruppen
   Bei einer kleinen Gruppe ist ein Small-Talk immer passend, da es die Stille unterbricht. Die Gesprächsthemen können sich auf den Standort der Teilnehmer, das Wetter, Freizeitaktivitäten oder andere passende Themen zur Veranstaltung beziehen.

c) Eine weitere Möglichkeit ist eine offene Eingangsfrage im Chat-Fenster beantworten zu lassen.
   Ähnlich wie bei Punkt a) eine Frage an die Ankommenden zu stellen, jedoch dieses Mal eine qualitative Rückmeldung zu erhalten. Am Beispiel Kleingruppe, Projektupdate könnte eine Frage sein: Was war in Bezug auf das Projekt ein High-light in der letzten Woche? Diese Antworten könnten dann im weiteren Gespräch genutzt werden. Für Großgruppen würde ich diese Möglichkeit nicht verwenden, da der Chat unübersichtlich wird und die eingegebenen Informationen von den Teilnehmern nicht weiterverwendet werden.

d) Darstellung einer Landkarte, um eine Verbindung herzustellen.
   Hierbei gibt es unterschiedliche technische Möglichkeiten. Es wird eine Landkarte geteilt und die Teilnehmer habe die Möglichkeit mittels einer digitalisierten Stecknadel zu zeigen, von welchem Ort aus sie an der Veranstaltung teilnehmen. Ebenso kann eine Landkarte in einem Whiteboard gezeigt werden und die Teilnehmer können dies mittels einer Markierung darstellen.

Wichtig für das Ankommen ist, dass der Teilnehmer sich während der Wartezeit bereits gedanklich auf die Veranstaltung vorbereitet.

Transparenz

Als nächsten Schritt, bevor mit dem Inhalt gestartet wird, ist sicherzustellen, dass jeder weiß, wer an der Veranstaltung teilnimmt. Was in Präsenzveranstaltungen automatisch passiert, da jeder jeden im Raum sieht, muss in Online-Veranstaltungen selbst durchgeführt werden. Es ist schon vorgekommen, dass Teilnehmer über Personen gesprochen haben, bei denen sie glaubten, dass diese nicht teilnehmen und dadurch leider in einen „Fettnapf" getreten sind. In der offiziellen Begrüßung zur Gruppe müssen in Ergänzung zur sichtbaren Teilnehmerliste die noch zusätzlich eingewählten Personen genannt werden. Bei Großgruppen werden nur die einzelnen Teilnehmergruppen begrüßt.

Nun folgt der inhaltliche Start für die Veranstaltung mit der Zielsetzung und der geplanten Agenda. Sinnvoll ist, beides zu visualisieren und über den Bildschirm zu teilen, da hierdurch zwei Sinneskanäle genutzt werden. Wenn nur der Audio-Kanal verwendet wird, kann es leicht sein, dass Informationen überhört werden und später überflüssige Fragen kommen. Bei Kleingruppen sollte noch ergänzend gefragt werden, ob es noch weitere Punkte gibt, die aufgenommen werden sollten. Meist bleibt bei einer solchen Fragestellung die Gruppe ruhig. Von daher empfiehlt es sich die Frage mit persönlicher Ansprache an jeden Teilnehmer zu richten. „Michael, was ist für Dich aus Deiner Sicht für die heutige Besprechung wichtig?" So erhält man gleich zu Beginn eine fokussierte Beteiligung von allen Personen. Schön ist es, wenn die Rückmeldung der Teilnehmer, ähnlich wie in einer Präsenzveranstaltung auf Flip-Charts dokumentiert wird, gleichzeitig am Bildschirm erfasst wird.

Diese Phase sollte nicht länger als 10 min dauern. Sie ist aber notwendig, da hierdurch eine gute Arbeits- und Gesprächsatmosphäre geschaffen wird.

7.4   Input

Der Inhalt der Besprechung kann mit den bestehenden Möglichkeiten der Konferenz-Software über die Funktion – Bildschirm teilen – den Teilnehmern vorgestellt werden. Das heißt, der Moderator kann einerseits eine Präsentation zeigen oder er teilt Dateien, wie Excel, Word, Onenote (Eingetragene Warenzeichen der Firma Microsoft) mit den Teilnehmern. Es können auch Präsentationen im Flip-Chart Stil verwendet werden, was das Ganze mehr einen Workshop

Charakter gibt. Ebenso empfiehlt es sich mit Bildern zu arbeiten, anstatt mit text-haltigen Folien. Teilnehmer schalten sonst schneller ab. Bei Videos kommt es auf die Konferenz-Software an. Meist ist es sinnvoll einen Video-Link an die Teil-nehmer über die Chat-Funktion zu senden. Wenn ein Video vom Computer des Moderators mit den Teilnehmern geteilt wird, ist Bild und Ton zeitversetzt und oft zu leise. Mit dem Video-Link kann die Filmsequenz parallel in guter Qualität von allen Teilnehmern gesehen werden.

Die Phase, in der der Moderator Inhalte präsentiert, sollte in Online-Veranstaltungen nicht länger als 10 bis 15 min dauern. Wenn mehr Inhalt gezeigt wird, sollten die Teilnehmer spätestens nach 10 min für ein paar Minuten in Aktion kommen. Diese Aktions- oder Verarbeitungsphase, welche im nächsten Kapitel genauer betrachtet wird, kann nur ein paar Minuten dauern. Im Anschluss kann es mit der Informationsphase weitergehen. So kann ein regelmäßiger Wech-sel zwischen Information- und Verarbeitungsphase zustande kommen.

▶ Sollte eine Informationsphase länger als 10 min dauern, steigt die Wahr-scheinlichkeit, dass Teilnehmer unaufmerksamer werden und ggfs. etwas anderes machen.

7.5 Verarbeitung und Kommunikation

In dieser Phase geht es darum die Teilnehmer dazu zu motivieren sich zu beteiligen, die erhaltenen Informationen zu verarbeiten. Welche methodischen Varianten hierbei verwendet werden, ist in Kap. 8 genauer beschrieben.

In der Tab. 7.1 wird dargestellt, welche interaktiven Prozesse in Abhängigkeit von Gruppengröße und Konferenz-Software gut funktionieren. Soviel vorab, alle Themen, die sich gemeinsam schriftlich erarbeiten lassen sind in Online-Ver-anstaltungen möglich. Dies gilt auch für Arbeiten in kleinen Arbeitsgruppen. Nicht realisierbar sind Bewegungsaktivitäten oder wenn Berührungskontakt not-wendig ist.

Tab. 7.1 Übersicht Interaktionsmethoden in Abhängigkeit der Gruppengröße

	Eine große Gruppe (>50 Teilnehmer)	Bis 50 Teilnehmer	Bis 15 Teilnehmer	Bis 7 Teilnehmer
Strukturierte Eingangsrunde			•	•
Brainstorming		• (in Gruppenarbeit)	• (in Gruppenarbeit)	•
Freie Diskussion			•	•
Mehrpunkt-abfragen	•	•	•	•
Gruppenarbeit		•	•	•
Paararbeit			•	•
Partnerinterview			•	•
World-Café			•	
Fishbowl	•	•	•	
Fragen & Antworten	•	•	•	•
Fragen & Themenspeicher	•	•	•	•
Bildinterpretation			•	•
Vernissage			•	•
Blitzlicht			•	•
Strukturierte Abschlussrunde			•	•
Kollegiale Beratung			•	•

7.6   Abschluss

Um eine Veranstaltung, in der gemeinsam etwas erarbeitet wurde, abschließen zu können, gelten dieselben Prinzipien wie in einer Präsenzveranstaltung. Das heißt:

- Eine kurze Zusammenfassung über das Erarbeitete geben.
- Was passiert als Nächstes?

- Wer macht was bis wann, wenn Folgeaktivitäten vereinbart werden?
- Rückmeldungen der Teilnehmer über den Workshop.

Der letzte Punkt kann genauso strukturiert werden wie der Anfang. Anhand der Teilnehmerliste kann sich jeder zu Wort melden. Ausschlaggebend hierbei ist die Fragestellung, die der Teilnehmer beantworten soll. Zum Beispiel:

- Mit was für einem Gefühl gehe ich aus dieser Veranstaltung heraus?
- Was nehme ich mit aus dieser Veranstaltung?
- Was hat mir besonders gefallen?
- Was ist mein persönlich nächster Schritt?

Ebenso kann in dieser Phase sehr gut eine Mehrpunkteabfrage oder Trendabfrage gemacht werden. Es sollten jedoch nicht mehr als 3 Fragen sein. Fragebeispiele hierzu könnten sein:

- Wie gut fand ich diese Veranstaltung auf einer Skala von 1–5?
  (1 sehr gut, 5 ungenügend)
- Welcher Punkt/Inhalt hat mir am besten gefallen?
  (Punkt a/b/c/d)

Es könnten auch qualitative Fragen in der Abschlussrunde gestellt werden, die von jedem Einzelnen schriftlich bearbeitet werden.

- Was genau hat mir gut gefallen?
- Was würde ich mir für das nächste Mal wünschen?

Welche Methoden funktionieren in Online Veranstaltungen?

Im Folgenden werden unterschiedliche Moderationsmethoden erklärt, wie sie in Online-Veranstaltungen verwendet werden können und worauf im Speziellen zu achten ist. Auf die eigentliche Methode, und wann diese am besten eingesetzt werden könnte, wird nicht eingegangen.

8.1 Strukturierte Eingangsrunde

Aufgrund der eingeschränkten Übersicht in einer Online-Veranstaltung – nur Bildschirm – im Vergleich zu einer Präsenzveranstaltung – 360° Blick – ist es, wie bereits erwähnt, wichtig Struktur und eine bewusste Transparenz herzustellen, die normalerweise in Präsenzveranstaltungen automatisch vorhanden ist.

In der strukturierten Eingangsrunde meldet sich jeder der Reihe nach zu Wort. Um die Reihenfolge für jeden sichtbar zu machen, bieten sich ein paar Möglichkeiten an:

- Der Erste oben auf der Teilnehmerliste beginnt und anschließend folgt der nächste darunter.
- Oder der Letzte unten auf der Teilnehmerliste beginnt und anschließend folgt der nächste darüber.
- Wenn eine Plattform Videobilder anbietet, kann auch diese Reihenfolge, z. B. von links nach rechts, verwendet werden. Doch Vorsicht, nicht jede Plattform überträgt an alle Teilnehmer dieselbe Bilder-/Videoreihenfolge. Dies sollte vorab geprüft werden.

F. Waible, *Online-Moderationen planen, vorbereiten und durchführen*, essentials, https://doi.org/10.1007/978-3-658-23869-8_8

Die strukturierte Eingangsrunde hat einen Bezug auf die anstehende Besprechung oder zu der Teilnehmergruppe. Dadurch wird bereits das Thema in einem lockereren Rahmen angesprochen. Das heißt, es werden 1–2 offene Fragen oder Sätze gezeigt, die die Teilnehmer ergänzen. Diese Sätze könnten entweder durch eine geteilte Folie gezeigt werden oder nur im Gruppen-Chat als Anleitung gepostet werden.

Beispielsweise könnte für ein Projekt-Update eine Eingangsfrage lauten: „Mein Highlight im Projekt in den letzten 2 Wochen war ….?". In einem Team-Meeting könnte die Frage sein: „Die Team-Aktivitäten […] haben uns in den letzten Wochen mehr zusammengeschweißt?".

Es bereitet die Teilnehmer auf die jeweilige Besprechung vor und erleichtert den Austausch. Wichtig ist dabei, wie der Moderator die Sätze und Fragen formuliert, denn sie haben eine Auswirkung auf die Stimmung in der Besprechung. Ebenso sollte sich der Moderator darüber Gedanken machen, was er mit der Frage erzielen möchte. Wenn nach „Was ist das Ziel" gefragt wird, erhalten Sie eine andere Antwort, als wenn nach „wie sieht das Ziel für sie aus?" gefragt wird.

8.2   Brainstorming

Brainstorming funktioniert sehr gut bis zu einer Gruppengröße von 7–8 Personen in einer Online-Veranstaltung. Wenn eine Arbeitsgruppenfunktion bei der Online-Konferenz Software vorhanden ist, kann das Brainstorming auch in Kleingruppen (siehe Abschn. 8.5) stattfinden.

Abhängig von der technischen Ausstattung kann ein Brainstorming unterschiedlich aufgebaut sein:

- Silent Brainstorming, jeder schreibt für 2–3 min in den Chat seine Punkte in Bezug zur Fragestellung auf.
- Einer ist Schreiber – meist der Moderator – und teilt seinen Bildschirm, auf dem die einzelnen Punkte der Teilnehmer notiert werden. Hierfür könnten Programme mit Whiteboard Funktionalität verwendet werden. So würde die Themensammlung ähnlich wie in einer Präsenzveranstaltung aussehen.
- In Ergänzung zu Online-Konferenz Software gibt es Software, die verteilte Teams durch einen Brainstorming-Prozess führen (Beispiele für Softwareanbieter sind in Abschn. 9.3 zu finden).

8.3   Freie Diskussion

Funktioniert wie in einem Präsenz-Workshop. Um eine gute Diskussion zu erhalten, habe ich die Erfahrung gemacht, ist es hilfreich, dass die Gruppe im Online Set-up ein paar wenige Spielregeln vorab gemeinsam bespricht. Das erleichtert den weiteren Gesprächsverlauf.

Die Erfahrung zeigt, dass am Anfang meist jeder etwas zu einem Thema sagen sollte. Hier könnte anfangs die Struktur der Teilnehmerliste helfen, damit nicht jemand vergessen wird. Später muss die Reihenfolgen nicht eingehalten werden, da es sonst keine freie Diskussion ist.

Dass nur einer redet, könnte eine weitere Regel sein, weil bei mehreren Personen alle mit der gleichen Lautstärke am Lautsprecher oder Kopfhörer ankommen und am Ende niemand etwas versteht.

Ansonsten gelten dieselben Moderationsprinzipien wie in einer Präsenzveranstaltung: unparteiisch bleiben, alle Teilnehmer regelmäßig einbeziehen, paraphrasieren, Zwischenzusammenfassungen machen, strittige Fragen sequenziell abarbeiten, protokollieren (diese Protokolle auch über den Bildschirm teilen) und sich abschließend bedanken.

Die Protokollierung kann bspw. in Microsoft World erfolgen und diese Applikation wird über den Bildschirm regelmäßig mit den Teilnehmern geteilt.

8.4   Punkte Abfrage und Gewichtungsfragen

Die Einpunkt-, Mehrpunkt- oder Gewichtungsfragen sind auch gut in Online-Workshops und Besprechungen anzuwenden. Ein paar Punkte sind dabei zu berücksichtigen.

Voraussetzung ist eine technische Darstellungsmöglichkeit. Diese wird in einigen Werkzeugen, wie Skype f. Business, Web-Ex oder Adobe Connect, als Standardfunktionalität, genannt Poll-Fragen, angeboten. Wenn über die Konferenz-Software keine Abfragemöglichkeit angeboten wird, könnte diese über ergänzende Software-Applikationen realisiert werden (Beispiele für Softwareanbieter sind in Abschn. 9.3).

Hauptsächlich unterscheiden sie sich in der Vorbereitungsmöglichkeit. In einigen Konferenz-Software Paketen können Fragen nur während der Veranstaltung aufgesetzt und abgefragt werden. In den meisten können Fragen sowohl vorab, als auch spontan, wie in einer Präsenz-Veranstaltung, geschrieben werden. Wenn Abfragen geplant sind, empfiehlt es sich die Online-Veranstaltung mit einem

Co-Moderator oder einem technischen Unterstützer zu machen, da sich der eine auf die Gruppe konzentrieren kann, während der andere die Fragen aufsetzt und mit den Teilnehmern teilt. Ein Geheimnis für die spielerische Verwendung während der Veranstaltung liegt aber darin, dass die Moderatoren die Abfrage mehrmals im Vorfeld geübt haben.

Ebenso haben manche Werkzeuge standardmäßig einen Timer, der anzeigt, wie lange die Frage noch offen ist. Erfahrungsgemäß wird diese Funktion nicht benötigt, da dies in Präsenzveranstaltungen ebenso nicht gemacht wird. Zumindest habe ich es noch nicht gehört. Sie haben jetzt 3 min. Zeit zu wählen und dann ist die Frage geschlossen. Ebenso zum Kontext Zeit: In einer Präsenz Veranstaltung entsteht in dieser Abfragesituation meist Bewegung im Raum, d. h. die Teilnehmer stehen vom Stuhl auf, laufen durch den Raum zum Flip-Chart, denken dabei nach und kleben ihren Punkt auf. In einer Online-Veranstaltung geschieht das meist schneller, was aber nicht bedeutet, dass weniger Zeit und weniger Bewegung zu besseren Entscheidungen führen. Deshalb sollte eine ähnliche Bedenkzeit bei einer Online-Abstimmung eingeräumt werden. Hier könnte ein Timer nützlich sein, oder einfach den Teilnehmern die entsprechende Zeit geben.

8.5   Gruppenarbeit

Eine Zielsetzung der Gruppenarbeit ist, die Teilnehmer stärker in den Prozess einzubeziehen und damit an der gemeinsamen Arbeit zu beteiligen. Erfahrungsmäßig sind Teilnehmer im Plenum weniger aktiv, d. h. einzelne Arbeitsphasen werden in kleinen Gruppen durchgeführt.

Die Struktur für die Gruppenarbeit hängt von der jeweiligen Zielsetzung und Aufgabenstellung ab. Die Gruppengröße in einem Online-Set-up kann von 2 Teilnehmern bis max. 6 Teilnehmern pro Gruppe variieren. Entscheidend für die Wahl der Gruppengröße sind die Art der Aufgabe und die Form der Bearbeitung. Um sich kennenzulernen oder Themen zu klären sind Murmelgruppen oder Zweiergruppen passend. Um ein Brainstorming durchzuführen, könnten es auch 6 Teilnehmer sein.

Abhängig von den verfügbaren Online-Werkzeugen gibt es 3 Szenarien für das Arbeiten in Gruppen (Abb. 8.1). Das bedeutet, auch unterschiedliche Vorbereitungen sind notwendig.

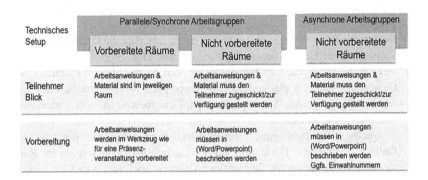

Abb. 8.1 Online-Gruppenräume (Break-out Session)

Im Folgenden werden diese 3 Szenarien genauer erläutert.

Beispiel

Im ersten Beispiel gehen wir davon aus, dass die Online-Konferenz Software keine Gruppenarbeitsfunktion anbietet. D. h., es gibt technisch nur die Möglichkeit im Plenum zu arbeiten. Es sollen aber im Rahmen einer Gesamtveranstaltung eines verteilten Teams ebenfalls in Kleingruppen weitere Details erarbeitet werden. Die durchzuführende Gruppenarbeit muss aber nicht parallel stattfinden, sondern kann in den nächsten Tagen selbst organisiert durchgeführt werden. D. h. es werden Arbeitsgruppen asynchron in nicht vorbereitete virtuelle Räume entsendet.

Im Ablauf der Online-Session wird zu Beginn der Gruppenarbeit die Arbeitsanweisung und die Gruppeneinteilung dargestellt und bis wann diese durchgeführt sein sollte. Die Gruppenmitglieder erhalten per Email die jeweilige Arbeitsanweisung mit dem Prozess und welche Informationen in der nächsten Veranstaltung als Gruppenergebnis vorgestellt werden sollen. Hier ist die Arbeitsgruppe komplett auf sich allein gestellt und kann nicht zwischendurch den Moderator fragen.

Aus Moderatorensicht muss die Arbeitsanweisung klar und verständlich vorbereitet sein, da ansonsten die Gruppe die Anweisungen falsch verstehen kann und die gewünschten Ergebnisse in eine andere Richtung gehen. Ebenso muss die Gruppeneinteilung dokumentiert sein.

Beispiel

Im zweiten Beispiel gehen wir ebenfalls davon aus, dass die Online Konferenz Software keine Gruppenarbeitsfunktion anbietet. D. h. es gibt technisch auch hier nur die Möglichkeit im Plenum zu arbeiten. Es soll aber im Rahmen einer Gesamtveranstaltung gleichzeitig in Kleingruppen weitere Details erarbeitet werden. Somit werden Arbeitsgruppen parallel/synchron in nicht vorbereitete virtuelle Räume entsendet.

Um diese Randbedingung – nur Plenum – zu umgehen, setzen wir weitere Online-Sessions auf. Diese Einwahl-/Einlog-Informationen werden im Rahmen der Veranstaltung an die einzelnen Gruppen per Email oder Chat weitergegeben. Dies umfasst die genaue Aufgabenstellung, den Prozess und was später im Plenum vorgestellt werden soll. Die Arbeitsanweisung muss den Gruppen ebenfalls zugänglich gemacht werden. Hier bietet sich ebenfalls eine Email an.

Das bedeutet, wenn die Gruppenarbeit ansteht, wird dieser Arbeitsschritt sowie die Gruppeneinteilung im Plenum genau erklärt. Jede Gruppe bekommt die notwendigen Informationen zugeschickt. Erst wenn alle die Information erhalten haben, wird diese Online-Session beendet und die Teilnehmer wählen/klinken sich in die Session für die jeweilige Arbeitsgruppe ein und folgen den Arbeitsanweisungen. Der Moderator kann sich ebenfalls in die jeweilige Session einwählen und nachfragen, ob alles soweit verstanden wurde oder ob es noch Unterstützung bedarf. Die zu erarbeitenden Informationen können über den Bildschirm geteilt werden, denn so können alle gemeinsam an einem Dokument arbeiten. Nachdem die vorgegebene Zeit abgelaufen ist, die Arbeitsergebnisse dokumentiert sind, wird die Session für die Arbeitsgruppe beendet und jeder wählt/klinkt sich wieder in die Hauptveranstaltung ein.

Für die Vorbereitung muss eine Arbeitsanweisung, inklusive möglicher Prozessschritte und was das Ziel der Gruppenarbeit sein soll beschrieben werden. Zusätzlich muss die Gruppeneinteilung dokumentiert und die einzelnen Sessions für die Arbeitsgruppen müssen aufgesetzt werden.

Beispiel

Im dritten Beispiel gehen wir davon aus, dass die Online-Konferenz Software eine Gruppenarbeitsfunktion anbietet. Es gibt technisch die Möglichkeit in parallelen Arbeitsgruppen zu arbeiten. Es sollen im Rahmen einer Gesamtveranstaltung gleichzeitig in Kleingruppen weitere Details erarbeitet werden. Somit werden Arbeitsgruppen parallel/synchron in nicht vorbereitete virtuelle Räume entsendet.

Wenn die Gruppenarbeit angekündigt wird, erfolgt wieder die Erklärung der Arbeitsanweisung, welche wieder, wie in den anderen Beispielen, geteilt wird. Ebenso wird die Gruppeneinteilung mitgeteilt. Der Unterschied zum zweiten Beispiel ist, dass der Moderator die Zeit für die Arbeitsgruppen steuert. D. h., in diesem Beispiel startet und beendet der Moderator die zeitliche Gruppenarbeit. Die Teilnehmer bleiben technisch in derselben Session, werden für die Gruppenarbeit aber getrennt, wie in einer Präsenzveranstaltung. Hier ist es für den Moderator leichter den Ablauf zu steuern. Technisch verteilt er die Teilnehmer auf die einzelnen Gruppen, bevor er die Arbeitsgruppen startet.

Die Arbeitsanweisung muss den Teilnehmern ebenfalls zugesendet werden. Während der Kleingruppenarbeit kann sich der Moderator in die einzelnen Gruppen einklinken und nachfragen, ob Unterstützung benötigt wird, ähnlich wie in einer Präsenzveranstaltung.

In der Vorbereitung geht es wie im ersten und zweiten Beispiel um die Arbeitsanweisung und die Prozessschritte mit der Zielsetzung. Eine Darstellung der Gruppeneinteilung und weitere Einwahlmöglichkeiten werden hier nicht benötigt, da der Moderator beides führt.

Beispiel

Im vierten Beispiel gehen wir wieder davon aus, dass die Online-Konferenz Software eine Gruppenarbeitsfunktion anbietet. Es gibt technisch die Möglichkeit in parallelen Arbeitsgruppen zu arbeiten und diese Räume können vorbereitet werden. Es sollen im Rahmen einer Gesamtveranstaltung wieder gleichzeitig in Kleingruppen weitere Details erarbeitet werden. Somit werden Arbeitsgruppen parallel/synchron in vorbereitete virtuelle Räume entsendet.

In diesem Fall kann wie in einer Präsenz-Veranstaltung die Moderation gestaltet werden. Die Arbeitsanweisungen und Gruppeneinteilung werden im Plenum erläutert. Der Moderator teilt wieder die Gruppen ein und startet die Arbeitsgruppen. Während der Kleingruppenarbeit hat der Moderator die Möglichkeit, ähnlich wie in einer Präsenzveranstaltung, die Gruppe aus der Ferne zu beobachten, um eventuell zu entscheiden, ob er in die Kleingruppe geht und klärend nachfragt, wie es mit dem Prozess vorangeht. Die Gruppen finden in ihren jeweiligen Räumen die notwendige Arbeitsanweisung und das für das Erarbeiten notwendige Material.

In der Vorbereitung werden hier die einzelnen Gruppenräume individualisiert aufgesetzt. Es wird die Arbeitsanweisung, der Prozessablauf, die Zielsetzung sowie die notwendigen Materialien in den Gruppenräumen vorbereitet. Zusätzlich wird die Arbeitsanweisung für das Plenum benötigt. Eine Gruppeneinteilung und weitere Online-Sessions inkl. Einwahl werden hier nicht benötigt.

In Ergänzung zu den bereits genannten technischen Unterschieden und den daraus resultierenden Nutzungsszenarien gibt es noch eine Ergänzung zur Gruppeneinteilung. In vielen Fällen macht eine vorherige Einteilung der Teilnehmer in mögliche Gruppen Sinn, wie es in den beschriebenen Beispielen genutzt wurde. In manchen Fällen wäre eine freie Gruppeneinteilung wünschenswert. Dies wird aber nicht von jeder Online-Konferenz Plattform angeboten. Eine freie Gruppeneinteilung funktioniert aber auch mit dieser technischen Limitierung. Der Moderator fragt, nachdem die Gruppenarbeit erklärt wurde, wer mit wem in welche Gruppe möchte und setzt diese technisch um.

8.6   Partnerarbeit & Paarinterview

Technisch betrachtet ist eine Partnerarbeit die kleinste Form der Gruppenarbeit. Sie wird ähnlich wie die Gruppenarbeit moderiert. Eine Partnerarbeit wird meist nur parallel/synchron durchgeführt, von daher wäre es notwendig eine Online-Konferenz Software zu haben, die eine Arbeitsgruppen Funktion hat.

In der Vorbereitung werden die gleichen Informationen wie in einer Präsenzveranstaltung benötigt: eine kurze Arbeitsanweisung, Zielsetzung und zeitliche Dauer.

8.7   World-Café

Die Methode World-Café ist ebenfalls eine Gruppenarbeit. Dies funktioniert jedoch nur, wenn die Online Konferenz Software eine Arbeitsgruppen-Funktion hat. Die angenehmste Variante, um ein World-Café durchzuführen ist, wenn Gruppenräume vorbereitet werden können. Dann kann jeder Raum individualisiert gestaltet werden.

Die zweite Alternative greift dann, wenn Räume nicht vorbereitet werden können. Hier benötigt jede Gruppe eine individualisierte Arbeitsanweisung. Diese Arbeitsanweisung kann dem jeweiligen Arbeitsgruppenverantwortlichen zugesendet werden.

In der Session erläutert der Moderator, wie das World-Café vom Ablauf her funktioniert. Es wird jedes Thema für jeden Raum erläutert und dass jeder in jedem Raum zum jeweiligen Thema beitragen kann. Es werden einzelne Gruppenverantwortliche identifiziert, die während der Gruppenarbeit in ihrem Raum bleiben und die jeweilige Gruppe betreuen.

Der spannendste Punkt für die Moderation ist, wenn ein Gruppenwechsel stattfindet. Hier hat die Moderation die Aufgabe die Teilnehmer in den nächsten virtuellen Raum zu befördern. Das heißt, für Sekundenbruchteile befinden sich 2 Gruppen in einem Raum, die dann gleich wieder getrennt werden. Hilfreich ist es, wenn die Moderation eine Übersicht der Gruppen und Gruppenverantwortlichen auf dem Tisch liegen hat, denn bei diesem Schritt kann leicht ein Durcheinander passieren.

8.8   Fish-Bowl

Fish-Bowl bietet sich auch in einem Online Set-up sehr gut an. Im speziellen, wenn Transparenz in einer Gruppe geschaffen werden soll. Fish-Bowl in Präsenzveranstaltungen hat 2 Kreise. Im inneren Kreis ist ein Stuhl frei und auf den restlichen sitzen die Akteure, z. B. das Führungsteam, das ein Thema bespricht. Der Moderator begleitet die Gruppe dabei. Im äußeren Kreis sitzen die restlichen Teilnehmer, z. B. Mitarbeiter. Wenn ein Mitarbeiter eine Frage hat oder mitdiskutieren möchte, nimmt er auf dem Stuhl Platz und nennt sein Anliegen. Gleichzeitig verlässt ein anderer seinen Platz im inneren Kreis, damit wieder ein Stuhl frei wird.

Übertragen wir dieses Set-up auf den virtuellen Raum, erhalten wir 5–6 Video-Bilder von den Akteuren, die ein Thema besprechen. Wenn ein Teilnehmer ein Anliegen hat, meldet er sich per Handzeichen oder Chat beim Moderator. Dieser schaltet die Video-Kamera und den Ton des Teilnehmers frei und bitte einen der Akteure aus der Diskussion zu gehen. Jetzt kann der neue Teilnehmer im Diskussionskreis sein Anliegen vorbringen.

8.9   Bilderinterpretation

Es ist sehr gut möglich in virtuellen Veranstaltungen Bilder mit einzubinden. Getreu nach dem Motto: ein Bild sagt mehr als tausend Worte. Dies ist hilfreich, wenn man sich am Anfang mit einem Thema neu auseinandersetzt. Es gibt mehrere Möglichkeiten, um Bilder in Online-Veranstaltungen mit einzubinden.

Werden Bilder eingesetzt, könnte folgende Frage folgen: Welches Bild symbolisiert für Sie einen erfolgreichen Projektabschluss? Die Teilnehmer haben jetzt die Aufgabe ein Bild herauszusuchen, das für sie einen erfolgreichen Projektabschluss darstellt.

Wie kommen jetzt die Teilnehmer an die Bilderauswahl?

- Es wird eine PDF-Datei mit einer Bilderauswahl an die Teilnehmer versendet.
- Es wird ein Link auf einem geteilten Laufwerk genannt, auf dem die Bilder abgespeichert sind.
- Es wird die Aufgabe gegeben im Internet ein passendes Bild zu finden.

Nachdem jeder ein Bild hat, stellt jeder der Reihe nach sein Bild vor. Entweder es wird der Bildschirm geteilt, wenn ein Bild im Internet gefunden wurde, oder der Moderator teilt seinen Bildschirm und zeigt das jeweilige ausgewählte Bild. Wenn ein Bild bereits genutzt wurde, muss sich der Teilnehmer ein neues Bild suchen.

8.10   Strukturierte Abschlussrunden

In der strukturierten Abschlussrunde meldet sich wieder jeder der Reihe nach zu Wort. Um die Reihenfolge für jeden transparent zu halten, bietet sich wieder an, die Teilnehmerliste als Strukturelement zu nutzen. Ähnlich wie in der Eingangsrunde.

Die strukturierte Abschlussrunde bezieht sich auf die abgehaltene Online-Veranstaltung oder auf die Teilnehmergruppe. Hier sollte das Thema, welches bearbeitet wurde, nochmals verankert werden. Das heißt, es werden 1–2 offene Fragen oder Sätze gezeigt, die die Teilnehmer ergänzen. Diese Sätze könnten entweder mittels einer Powerpoint-Präsentation auf dem Bildschirm geteilt werden oder nur im Gruppen-Chat als Anleitung gepostet werden.

Beispielsweise könnte für ein Projekt-Update eine Abschlussfrage lauten: „Mich stimmt […] zuversichtlich, dass wir das Projekt/das Teilziel unter […] (diesen Bedingungen) erreichen!".

Es fokussiert die Teilnehmer nochmals auf die wichtigen Punkte aus der Veranstaltung. Wichtig ist dabei wieder, wie diese Sätze und Fragen formuliert werden, denn sie haben eine Auswirkung auf das weitere Vorgehen oder die nächsten Besprechungen.

8.11 Kollegiale Beratung

Hier bietet sich eine Online Veranstaltung sehr gut an. Es werden alle Web-Cams eingeschaltet, der Fallgeber erklärt sein Anliegen und sagt, was er von der Gruppe erwartet. Nachdem alle offenen Fragen der Beratergruppe geklärt sind, schaltet der Fallgeber seine Web-Cam aus und drückt die Stummschaltung. Jetzt kann die Gruppe den Beratungsprozess starten.

Nachdem der Beratungsprozess abgeschlossen ist, schaltet sich der Fallgeber mit Bild und Ton wieder zu und gibt Rückmeldung.

Anhang

9

9.1 Checkliste

Die Checkliste ist eine Zusammenfassung der wichtigsten Punkte, die für die Planung und Durchführung von Online-Veranstaltungen hilfreich ist.

Ablauf
- Vorbereitung
- Haltung des Moderators
- Warm-up – Ankommen/Aufwärmen
- Vorstellung
- Inhalte teilen
- Inhalte verarbeiten
- Abschluss

Vorbereitung
- Verwendung von Web-Cams, wenn möglich
- Verwendung der notwendigen Einwahl-/Einlog-Informationen
- Feststellung der Gruppengröße und Entscheidung ob 2 Moderatoren die Online-Veranstaltung leiten.
- Micro-Timing-Ablauf konzipieren
- Immer daran denken: „Wie kann ich Menschen in einer Online-Besprechung einbeziehen, aktivieren?"

Haltung und Verhalten
- Offen, neugierig, gelassen bezüglich der Technologie
- Respektvoll und empathisch

© Springer Fachmedien Wiesbaden GmbH, ein Teil von Springer Nature 2019
F. Waible, *Online-Moderationen planen, vorbereiten und durchführen,* essentials,
https://doi.org/10.1007/978-3-658-23869-8_9

- Sich der Aufmerksamkeitsspanne bewusst sein
- Sich bewusst sein über die Präsenz als Online-Moderator (Kleidung, Stimme, Körperhaltung und Gestik)

Warm-up-Phase
Ziel der Warm-up Phase: Gute Ankunft im virtuellen Raum und vorbereitet für den Inhalt der Veranstaltung.

Mögliche Methoden
- Small Talk (über Standort, Projekt High-lights in der letzten Woche)
- Verwendung von Bildkarten mit Eingangsfrage, welche zum Inhalt der Veranstaltung hinführt
- Poll-Frage die Veranstaltungsrelevant ist, z. B.: Wie würden Sie das Projekt beurteilen? (1 = gut auf dem Weg, 5 = nicht gut auf dem Weg)
- Kurze Diskussion über bestimmte Fakten des Inhalts
- Nach der Teilnehmererwartung fragen

Vorstellung
Ziel der Vorstellungsphase: Den Teilnehmern einen Überblick über die anwesenden Teilnehmer, den Raum, Bild und Ton klären, den Inhalt der Veranstaltung und die Regeln zu geben

- Anwesenheit der eingewählten Personen prüfen mittels der Teilnehmerliste (wenn Personen sich nur per Telefon einwählen und damit nicht auf der Teilnehmerliste in der Konferenz mit Namen auftauchen, sollte diese ebenfalls vorgestellt werden)
- Kurz Klären ob jeder eine gute Audioverbindung hat
- Erläutere Agenda und Ziel
- Erkläre Vorgehensweise und Ablauf (meist Teil der Agenda)

Inhalt teilen
Inhaltliches Ziel mitteilen: Informationen für die spätere Diskussion zur Verfügung zu stellen.
Mitteilen von Präsentation, Fakten, sonstigen relevanten Informationen

Inhalte verarbeiten

Ziel der Verarbeitungsphase ist: Sicherzustellen, dass Teilnehmer den Inhalt verstanden haben und weiter verwenden können (diskutieren, entscheiden).

- Klare Anweisungen geben für die Diskussion
- Mögliche Methoden:
  - Chat für Brainstorming
  - Whiteboard für grafische Ideen (nur wenn jeder die Möglichkeit hat mit einen Grafik-Tablet (ohne Maus) zu zeichnen)
  - World-Café oder Break-out/Arbeits-Gruppen
  - Interviews
  - Priorisierungen:
    Mittels Poll-(Skalierungs-)Fragen
  - Fish-Bowl

Abschluss

Ziel der Abschlussphase: Sicherzustellen, dass Teilnehmer wissen, was die nächsten Schritte sind. Rückmeldung zu der Veranstaltung geben und mit einem guten Gefühl aus der Veranstaltung gehen.

- Blitzlicht: Schnelle Rückmeldung – ein Wort pro Person über die Veranstaltung
- Poll-Frage: Wie hat Ihnen die Veranstaltung auf einer Skala von 1 (sehr gut) – 6 (schlecht) gefallen?
- Den Chat nutzen für eine qualitative Rückmeldung: Was hat mir gefallen, was würde ich mir für das nächste Mal wünschen?
- Zusammenfassung der Ergebnisse der Online-Veranstaltung

9.2 Online Konferenz Software

Es gibt eine Vielzahl an Software Plattformen, die genutzt werden. Hier sind gängige Online-Konferenz- und Web-Software Plattformen aufgeführt, diese haben nicht den Anspruch auf Vollständigkeit.

Aufgrund der ständigen Weiterentwicklung der Software gibt es keine Vergleichsübersicht, da sie beim Druck bereits veraltet wäre.

Software-Plattformen und Hersteller
- Adobe Connect von Adobe Systems Inc.
- Blue Jeans von Blue Jeans Network Inc.
- Google Hangouts von Google LLC
- Skype for Business von Microsoft Corp.
- TeamViewer von TeamViewer GmbH
- Vitero von Vitero GmbH
- Web-Ex von Cisco System Inc.
- Zoom von Zoom Video Communications Inc.

Stand: September 2018
   Eine weitere Übersicht gibt es über https://en.wikipedia.org/wiki/Category:
Web_conferencing.

9.3   Online Werkzeuge ergänzend für Besprechungen

Ergänzende Software-Werkzeuge, die in unterschiedlichen Szenarien, aber auch
in Online-Besprechungen eingesetzt werden können. Auch hier besteht nicht der
Anspruch auf Vollständigkeit und diese Angaben sind ebenfalls ohne Gewähr.

Umfragen/Abfragen (Poll/Skalierungsfragen) für Veranstaltungen
Die nachfolgenden Software-Werkzeuge eignen sich dafür Rückmeldung von
den Teilnehmern zu bekommen, um Fragen stellen und beantworten. Es können
Teilnehmer Fragen wie in einer Frage-Antwort-Runde stellen oder sie werden zu
Abfragen für Priorisierungen und Bewertungen genutzt.

- kahoot.com von Kahoot!
- onlinevoten.de von Stefan Pflaum
- mentimeter.com von mentimeter
- Loomio von Loomio Corp. Ltd.
- Pigeonhole Live von PigeonLab Pte Ltd
- Poll Everywhere von Poll Everywhere
- Sli.do von sli.do
- surveymoney.com von Survey Monkey
- Kiunei

Stand: September 2018

Collaboration-Werkzeug für Online-Veranstaltungen:
Sie sind für die Prozessgestaltung von Online-Veranstaltungen, können aber auch
für das Zusammenarbeiten in verteilten Teams genutzt werden.

- Nexboard von nexenio GmbH
- Meetingsphere von Meetingsphere Ltd.
- Groupzap von Paleosoft Ltd.
- Ideaflip von Biggerflip Ltd.
- ideaclouds.net von perceptos UG
- tele-board.de vom Hasso-Platter-Institute, Weiterentwicklung durch nexenio
  GmbH

Stand: September 2018

Was Sie aus diesem *essential* mitnehmen können

- Wie Online-Besprechungen und Online-Workshops interessanter gestaltet werden können.
- Wie ich bei Web-Konferenzen die Aufmerksamkeit der Teilnehmer halte.
- Worauf ich als Online-Moderator achten muss.
- Welche Methoden bei Web-Konferenzen gut funktionieren.
- Eine Check-Liste zur Vorbereitung sowie einen Überblick über mögliche Software und Werkzeuge.

© Springer Fachmedien Wiesbaden GmbH, ein Teil von Springer Nature 2019   65
F. Waible, *Online-Moderationen planen, vorbereiten und durchführen*, essentials,
https://doi.org/10.1007/978-3-658-23869-8

Literatur

Caine, G., Caine, R. N., & Crowell, S. (1994). *Mindshifts: A brain-based process for restructuring schools and renewing education.* Arizona: Zepher Press.

D. Derosa, R. Lepsinger. (2010). *Virtual Team Success.* San Francisco: Jossey-Bass.

F. Hütter, S. M. Lange. (2017). *Neurodidaktik für Trainer.* Bonn: managerSeminare Verlags GmbH.

Kanitz, A. v. (2016). *Crashkurs Professionell Moderieren.* Freiburg: Haufe-Gruppe.

M. Hartmann, M. Rieger, A. Auert. (2003). *Zielgerichtet moderieren.* Weinheim: Beltz Verlag.

O'Loughlin, D. (2010). *Facilitating Transformation.* Singapore: National Library Boad Singapore Cataloguing.

Senge, P. M. (2006). *The Fifth Discipline: The Art & Practice of The Learning Organization.* New York: Doubleday.

© Springer Fachmedien Wiesbaden GmbH, ein Teil von Springer Nature 2019   67
F. Waible, *Online-Moderationen planen, vorbereiten und durchführen,* essentials,
https://doi.org/10.1007/978-3-658-23869-8

Printed in the United States
By Bookmasters